GIOVANNI CUNIBERTI

INTELLIGENZA PATRIMONIALE

I PRINCIPI PER GOVERNARE IL PATRIMONIO FAMIGLIARE

Prefazione a cura di Mariangela Pira

LIBRI D'IMPRESA

A Matilde e Cecilia

INTELLIGENZA PATRIMONIALE

Giovanni Cuniberti

Direzione e redazione: Edizioni Libri d'Impresa

One Hour Marketing Srl

Via Torino 9, 21013 – Gallarate (VA)

www.libridimpresa.it

LIBRI D'IMPRESA
trasformiamo le tue idee in libri

Finito di stampare nel mese di ottobre 2023

ISBN 9791280622624

INDICE

Prefazione di Mariangela Pira **9**

Capitolo 1 – Andare oltre alla paura di perdere tutto **15**

1.1 Gestire un patrimonio è come affrontare una tappa di montagna 17

1.2 Agisci prima che la paura ti paralizzi 24

Capitolo 2 – L'importanza della scelta **31**

2.1 La storia della signora Agnese 33

2.2 L'equilibrio ritrovato 36

Capitolo 3 – Non esiste un porto sicuro **41**

3.1 I Cigni neri che hanno cambiato il mondo 43

3.2 Cavalcare un Cigno Nero 47

3.3 L'assenza di un porto sicuro 51

Capitolo 4 – Il mondo vero 59

4.1 Chi sono gli intermediari 62

4.2 L'universo investibile e l'azzardo morale 64

4.3 L'azzardo morale frequente 65

4.4 Rischi e rendimento: come gestirli 67

Capitolo 5 – Tra passato e presente per capire il futuro 71

5.1 Analisi grafica del passato 74

5.2 Le tendenze del periodo storico 77

5.3 Comprendere il futuro attraverso le rivoluzioni in atto 79

Capitolo 6 – Le basi dell'Intelligenza Patrimoniale 85

6.1 Il Metodo Barbell rivisitato 88

6.2 L'immobilismo finanziario è pericoloso 95

6.3 L'antifragilità 97

Capitolo 7 – La struttura 103

7.1 I servizi d'investimento 105

7.2 Gli intermediari finanziari 106

7.3 Le esigenze del cliente e l'investimento diretto o indiretto 108

Capitolo 8 – Il contenuto e la strategia 115

8.1 Le basi dell'analisi del rischio 118

8.2 La strategia d'investimento 120

8.3 La diversificazione 122

Capitolo 9 – Il comportamento non è una scelta ma una necessità 129

9.1 I Bias Comportamentali 132

9.2 Ferrari o Rolls-Royce 136

Capitolo 10 – Il primo passo 141

10.1 L'analisi mobiliare iniziale 143

10.2 Il Bilancio patrimoniale 145

10.3 L'importanza dell'approccio al patrimonio 148

10.4 L'approccio delle grandi famiglie imprenditoriali 150

Conclusioni 159

Postfazione del prof. Beppe Ghisolfi 167

Ringraziamenti 171

Bibliografia 177

PREFAZIONE

DI MARIANGELA PIRA

Prefazione di Mariangela Pira

Benvenuti nel mondo dell'Intelligenza Patrimoniale, un viaggio divulgativo tra le salite e le discese dell'educazione finanziaria!
Tappa dopo tappa, con questo suo nuovo libro, il prof. Cuniberti ci affianca ponendoci davanti a questioni semplici, ma importanti, che ogni italiano adulto dovrebbe affrontare il prima possibile nella propria maturità.
In un'epoca in cui il panorama economico è caratterizzato da turbolenze e continui cambiamenti è essenziale comprendere che l'educazione finanziaria non è una materia solo per adolescenti o giovani studenti. Ma è un percorso di apprendimento continuo che accomuna tutte le età, poiché la gestione oculata delle proprie risorse, piccole o grandi che siano, è un impegno di responsabilità che ci accompagnerà per tutta la vita. Ecco, se volete, queste pagine ci richiamano proprio alla responsabilità che abbiamo nei confronti della disponibilità delle nostre risorse e delle scelte che possiamo compiere grazie a esse.

Noi italiani siamo un popolo che da sempre ha dimostrato una capacità quasi "naturale" al risparmio: le statistiche di Istat e Banca d'Italia da anni lo confermano. Ma le stesse statistiche mostrano anche come, spesso, quei risparmiatori trascurino l'importanza di proteggere e far crescere i propri risparmi con gli opportuni investimenti.
Questo atteggiamento, radicato nella nostra cultura, ha avuto origine nei decenni del dopoguerra, quando la priorità era garantire la stabilità economica e la sicurezza del proprio patrimonio. Tuttavia, il contesto attuale richiede una visione più ampia e dinamica. Il mondo si evolve velocemente, le dinamiche finanziarie hanno elementi di complessità sempre maggiori e la capacità di gestire la propria ricchezza richiede nuove competenze.

Ecco perché questo libro ci sprona a sviluppare la nostra Intelligenza Patrimoniale: uno zaino da tenere sempre in spalla, che contiene vecchie e nuove nozioni, capacità di comprensione e analisi, e soprattutto tanto buon senso e una rinnovata consapevolezza.
Con uno sguardo attento alla realtà italiana e una profonda comprensione delle sfide economiche e sociali che ci troviamo ad affrontare, Giovanni si propone di divulgare i principali temi di educazione finanziaria, offrendo un prezioso connubio tra il tradizionale buon senso nella gestione del denaro e un approccio più contemporaneo che fa leva su aspetti multidisciplinari, dalla psicologia fino all'Intelligenza Artificiale.

Questo libro rappresenta una guida accessibile e chiara per coloro che desiderano migliorare la propria capacità di gestione finanziaria, soprattutto per chi ha la fortuna e la responsabilità di dover scegliere come gestire il patrimonio familiare, magari costruito con abnegazione e fatica da più generazioni.
L'approccio di Giovanni si distingue per la sua capacità di farsi comprendere sia dai padri, sia dai figli, per far cogliere a entrambi le necessità e le opportunità del presente. Non si tratta solo di accumulare ricchezza, ma di comprendere come farla crescere in modo sostenibile nel contesto economico attuale. La sua prospettiva si basa su una solida conoscenza delle dinamiche finanziarie, ma anche su un'attenzione sempre sottintesa alle sfide sociali, ambientali e tecnologiche che caratterizzano il mondo di oggi.

L'educazione finanziaria è prendersi cura di sé e degli altri, è fare scelte consapevoli che guardino al futuro. Non è mai troppo tardi per imparare e migliorare, anzi l'apprendimento è la spinta sana che porta tutti a una maggiore qualità del proprio percorso di vita.

Le pagine di questo libro si trasformano in una bussola affidabile, che ci guida attraverso strade e sentieri, perché come piace dire sempre al Giovanni Cuniberti ciclista che conoscerete in queste pagine: "il bello del pedalare in salita è la soddisfazione che si prova in discesa".
Buon viaggio quindi, verso le vette dell'Intelligenza Patrimoniale!

Mariangela Pira

Giornalista economica
Scrittrice di numerosi libri
Conduttrice di SkyTg24 Economia
Autrice del podcast "3 fattori"

Mariangela Pira è giornalista professionista, conduttrice e reporter presso Sky Tg24 e ideatrice della rubrica economica quotidiana #3fattori, disponibile su LinkedIn e in podcast. È una delle principali divulgatrici di informazione ed educazione finanziaria in Italia, autrice di diversi libri di successo fra cui "Effetto domino" edito da Chiarelettere. Ha lavorato a Class CNBC nel ruolo di responsabile del China Desk, e di curatrice delle finestre su Borsa e mercati per il Tg5 e per il tg di La7. È stata conduttrice, in collaborazione con il ministero degli Esteri, di Esteri News Dossier, notiziario della diplomazia italiana per il quale si è recata in Afghanistan, Libano, Iraq, Israele e Palestina. Continua a occuparsi di cooperazione con Terre des Hommes Italia, organizzazione con la quale ha viaggiato in Africa e Iraq nell'ambito di progetti riguardanti la condizione femminile. Ha iniziato la sua carriera all'ANSA di New York e ha una lunga esperienza in Cina. Ha scritto tra gli altri per «Mf Milano Finanza», «Panorama», «L'Espresso», «Il Venerdì di Repubblica».

CAPITOLO

01

ANDARE OLTRE ALLA PAURA DI PERDERE TUTTO

1.1 Gestire un patrimonio è come affrontare una tappa di montagna

La storia della mia famiglia attraversa le colline del Monferrato e giunge fino a Torino. Mia nonna vide i natali a Cortanze, un piccolo paese in provincia di Asti.
Durante la Seconda Guerra Mondiale, in sella alla sua bicicletta percorreva salite e discese per raggiungere la città, dove si trovava l'officina di famiglia, per la quale teneva la contabilità.
Passava la settimana a lavorare e la domenica tornava dai suoi famigliari per poi ripartire il lunedì successivo. Affrontava il suo viaggio sfidando il caldo e il freddo, la pioggia e la neve con l'unico scopo di portare a casa un salario per far fronte alle spese e per garantirsi un'esistenza dignitosa.

Durante la Seconda Guerra Mondiale, tutte le sere gli allarmi dei bombardamenti risuonavano nel buio facendo gelare il sangue con il loro rumore stridulo. A Cortanze però, non giungeva che l'eco di quegli avvertimenti e in quei momenti colmi di angoscia, sospesa tra il panico e la preghiera, tutti i membri della famiglia si rifugiavano nello scantinato di casa, per cercare di restare vivi.

Una sera del 1944, il padre di mia nonna, dopo l'ennesima sirena, condusse la sua famiglia a casa dei vicini pensando di alleviare la paura di tutti con un po' di convivialità e chiacchiere, mentre fuori esplodevano ancora le bombe. La mattina seguente, scoprirono che della loro casa non restava più nulla. Quel giorno la mia famiglia aveva perso ogni cosa, ma aveva avuto salva la vita grazie alla scelta del mio bisnonno.

Da quell'episodio l'esistenza di mia nonna, già traumatizzata dalla guerra, cambiò radicalmente. Ha conservato una paura, quasi irrazionale, di perdere tutto compreso i risparmi guadagnati pedalando per ore sui sentieri del Monferrato.

Foto storica di nonna Chirone Angela in bici

Ho ancora il chiaro ricordo delle lunghe discussioni intercorse, anni dopo, tra mio padre e mia nonna quando parlavano di risparmi. Era lui, laureato in economia e amministratore della gastronomia di famiglia, che gestiva il denaro, compreso quello di sua suocera.

Papà comprava "Il Sole24ore" e quelle strane pagine rosa stuzzicarono così tanto la mia curiosità di appena adolescente che iniziai a sfogliarle. E poiché non comprendevo sempre quanto era scritto domandavo di spiegarmi alcuni aspetti legati al mondo dell'economia e degli investimenti.
È così che è iniziata la mia viva passione per la finanza. Mentre i miei amici tiravano calci al pallone, io seguivo i prezzi delle azioni che salivano e scendevano sul Televideo.
Avevo quaderni pieni di appunti, il mio divertimento stava nel verificare l'andamento di transazioni fittizie: questo lo compro, questo lo vendo, questo perde, questo guadagna.

La gestione del denaro aveva su di me un effetto positivo. Non volevo vivere con le stesse paure di mia nonna. Così per farne un mestiere e comprendere al meglio il mondo della finanza ho seguito le orme di mio padre.

Mia nonna però mi aveva trasmesso un'altra passione: il ciclismo. Negli anni in cui iniziai a pedalare, il mio mito era Marco Pantani. Sognavo di tagliare traguardi, conquistare la maglia rosa dopo aver affrontato salite e discese. Ed è stata proprio questa disciplina, col tempo, a insegnarmi l'equilibrio tra fatica e autocontrollo.

Ecco, paragonando il ciclismo alla gestione patrimoniale in entrambi sono necessari lucidità e controllo emotivo.

Le tappe di montagna sono le più difficili da affrontare, serve un costante allenamento: preparare il corpo allo sforzo prima in pianura, per poi passare gradualmente alle salite. Imparare a gestire il ritmo tra mente e corpo in maniera sempre più produttiva.

Il bello, nella gestione finanziaria, così come in un tortuoso percorso di montagna, è che alle sfide riservate alle salite seguono poi piacevoli momenti fatti di discese e tratti pianeggianti. Per rendere serene e possibili queste fasi in finanza è necessario apprendere gli strumenti per gestire al meglio il proprio patrimonio. Proteggere e far prosperare la ricchezza accumulata è la strada giusta per un'esistenza rilassata, personale e familiare.

Nel cammino di conoscenza e protezione del proprio patrimonio è importante stabilire la meta.
Quando parlo, per la prima volta, con i miei clienti parto sempre da questo presupposto: pianificare e impostare delle priorità sono i primi passi per una soddisfacente gestione.

Ho lavorato per molti anni nel settore bancario. Durante il mio primo impiego, studiavo ancora all'Università di Torino, presso la Facoltà di Economia, al corso di laurea in Banca, Borsa e Assicurazioni.
Mi occupavo principalmente di negoziazione di titoli, prima sui mercati italiani ed europei, poi sui mercati americani e giapponesi.

È stata un'esperienza straordinaria ma anche molto stressante, considerando che, non di rado, mi capitava di negoziare milioni e milioni di euro per fondi di investimento e clienti dell'amministratore delegato della banca.

Grazie a questa esperienza lavorativa ho scoperto un ambiente dominato da mani forti che stringevano le redini dei mercati. Spesso, i gestori acquistavano in massa determinati titoli benché tutti gli indicatori ne sconsigliassero l'acquisizione. Talvolta, addirittura, li compravano per un fondo e li vendevano per un altro. Non sono riuscito a trovare una motivazione logica a questa operatività fino a quando un giorno ho provato ad approfondire la questione.

C'era un gestore molto importante di una SGR (Società di Gestione del Risparmio), cliente del mio istituto bancario, che comprava i titoli Fiat per il fondo X a novembre e li vendeva per il fondo Y nel corso del mese di dicembre.
Ho chiesto quale fosse la strategia alla base, convinto che analizzassero con attenzione i grafici, o che fossero in possesso di una strategia complessa di arbitraggio, oppure, che il mese di dicembre fosse particolarmente interessante per il settore automobilistico.
"Giovanni, sei veramente un pivello. – mi è stato detto – Semplicemente io compro e vendo per fare commissioni che la SGR incassa e il fondo paga".

Il fondo in questione aveva avuto una variazione da inizio anno del +6% e aveva chiuso a fine anno con +4,5%: un punto e mezzo era stato portato via dalle commissioni pagate dal fondo sulle transazioni, ergo dal cliente sottoscrittore, e incassate dalla SGR.

A sottoscrivere il fondo è il cliente, l'ultimo tassello di un percorso che vede prima: le commissioni, gli introiti della banca e, solo in un'ultima analisi, il guadagno del cliente. Ciò che si deduce è che, per i gestori, i clienti sono soltanto dei numeri.

Per questo, la gestione patrimoniale standard è spesso fallimentare. Se si perde di vista l'obiettivo di ogni cliente – ad esempio garantire una carriera universitaria ai figli o una prosecuzione serena della gestione dell'azienda – sarà impossibile raggiungerlo e i gestori movimenteranno il patrimonio solo nel proprio interesse.

E a proposito di obiettivi, in questo libro vorrei costruire una nuova consapevolezza finanziaria in ogni lettore.
Conoscere e riconoscere gli strumenti che servono per raggiungere gli obiettivi nella gestione patrimoniale.
Un mondo complesso, come quello in cui viviamo, richiede nuove risposte e sofisticate soluzioni.

Dopo aver affrontato ardue salite è arrivato il momento di porre la giusta attenzione al patrimonio, difendendolo e diversificandolo.
Per un imprenditore, pianificazione e programmazione sono determinanti per il buon andamento del business, e agire prima che la paura paralizzi è la strategia vincente.

Un investimento negli ultimi anni della vita di mia nonna ne ridefinì ulteriormente il rapporto con il denaro.
Era il 2001, in Argentina – Paese martoriato dalle dittature e da lunghi periodi di instabilità – si verificò uno dei default più eclatanti della storia del Sud America.

Per quasi tutti gli anni Novanta del Novecento, l'Argentina crebbe in maniera costante e prospera sotto la guida del presidente Carlos Saúl Menem e del ministro dell'economia Domingo Cavallo.

Grazie a una serie di riforme radicali, il governo argentino riuscì a ridurre l'inflazione, stimolare la privatizzazione industriale e rimuovere gran parte delle barriere commerciali che avevano imbrigliato il Paese negli anni precedenti.

Il risultato fu una crescita economica senza precedenti che suscitò l'attenzione dei mercati internazionali. Circa 450.000 italiani, tra cui mia nonna, acquistarono i cosiddetti Tango Bond, i titoli emessi dallo stato argentino. Lasciarsi abbagliare dai rendimenti elevati e dall'euforia con cui le banche proponevano il prodotto (probabilmente accompagnato da laute commissioni) fu facile, nonostante le motivazioni spicce e abbastanza illogiche ("Non c'è da preoccuparsi: in Argentina ci sono tanti italiani. Figurati se uno Stato può fallire!").

Poiché mia nonna restò scettica, optò – grazie anche ai consigli di mio padre che le disse "Guarda, cara suocera, che se rendono tanto un rischio c'è, quindi non esagerare" – per riservare solo una piccola parte del suo patrimonio all'investimento.

Quando i telegiornali iniziarono a mostrare le immagini dei cittadini argentini accalcati in coda ai bancomat, la nonna si rese subito conto di aver sì perso dei soldi, ma anche di non aver dilapidato i risparmi di una vita intera.

Nonostante i dubbi che la attanagliavano, consapevole di non avere sufficienti conoscenze in ambito finanziario, mia nonna come molti, si fidò della sua banca che cercò di tranquillizzarla attraverso dichiarazioni fallaci omettendole la verità.

1.2 Agisci prima che la paura ti paralizzi

Nel mondo anglosassone esiste una famosa allegoria, ripresa anche dal famoso linguista Noam Chomsky nel suo libro "Media e Potere", chiamata "La rana bollita" ("The Boiled Frog") che spiega bene questo comune atteggiamento umano.

"Immaginate un pentolone pieno d'acqua fredda nel quale nuota tranquillamente una rana. – scrive Chomsky – Il fuoco è acceso sotto la pentola, l'acqua si riscalda pian piano. Presto diventa tiepida.
La rana la trova piuttosto gradevole e continua a nuotare.
La temperatura sale. Adesso l'acqua è calda. Un po' più di quanto la rana non apprezzi.

Si stanca un po', tuttavia non si spaventa. L'acqua adesso è davvero troppo calda.
La rana la trova molto sgradevole, ma si è indebolita, non ha la forza di reagire. Allora sopporta e non fa nulla.
Intanto la temperatura sale ancora, fino al momento in cui la rana finisce, semplicemente, morta bollita.

Se la stessa rana fosse stata immersa direttamente nell'acqua a 50° avrebbe dato un forte colpo di zampa, sarebbe balzata subito fuori dal pentolone".

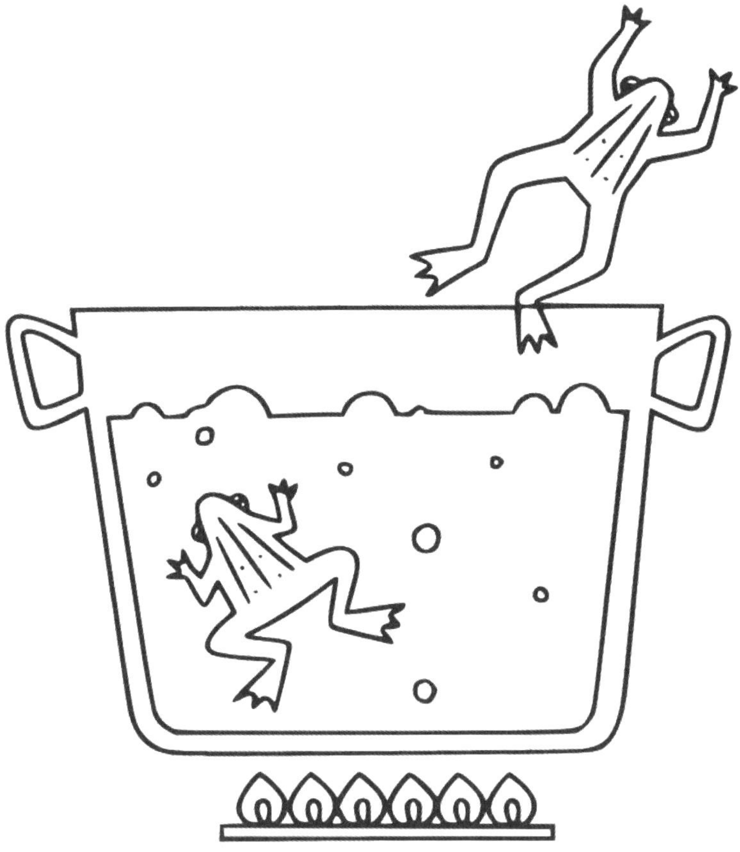

La morale dell'allegoria?

Nella vita, e quindi anche in ambito finanziario, per affrontare il cambiamento è necessario agire, senza farsi paralizzare dalla paura.

Il coraggio di farlo, però, può nascere solo da un'adeguata formazione. Mia nonna si comportò proprio come la rana. Più la situazione argentina diventò critica, maggiore divenne lo stato di paralisi che le impediva di uscire da quella bollente pentola finanziaria.

CAPITOLO 1

Affidare il proprio patrimonio a gestori disattenti alle necessità del cliente, comporta enormi perdite da cui diventa molto complesso uscire. Questo perché ci si rende conto di non saperne abbastanza per poter difendere il proprio denaro.

Sono convinto che, se mia nonna avesse avuto l'opportunità di acquisire una piena consapevolezza dei suoi investimenti, avrebbe potuto gestire in maniera più sicura il suo patrimonio, evitando di agire con un rischio alto e non ben chiaro sin dal principio.

È per lei e per tutti coloro che rischiano di finire in mani sbagliate che, nel mio lavoro di consulente, accompagno chi dispone di un patrimonio verso una gestione oculata e cosciente della ricchezza. Lo faccio assieme a professionisti indipendenti da condizionamenti esterni o bancari, con un unico grande obiettivo: proteggere e far prosperare le ricchezze familiari.

Il nostro progetto è il *Multi Family Office*.
In breve, i *Family Office* hanno l'onere (e l'onore) di gestire il patrimonio familiare dei propri clienti.

Al loro interno non si trovano solamente figure consulenziali a livello finanziario, ma anche professionalità legate agli ambiti fiscali, legali e imprenditoriali.

Questo perché, per gestire al meglio un patrimonio di dimensioni consistenti, è necessario avere una visione sistemica.

Solo così è possibile delineare una strategia di gestione che integri tutti gli ambiti coinvolti.

La figura del family officer in America esiste da più di quarant'anni, mentre in Italia è un servizio che fino a poco tempo fa era appannaggio solo di quelle poche famiglie che se lo potevano permettere.

Memore dei timori e delle ansie che hanno attanagliato mia nonna per tutta la sua vita, ho deciso che il mio *Multi Family Office* sia il punto di riferimento per la serenità familiare.

Applicando il mio metodo, che si basa sull'Intelligenza Patrimoniale, abbracceremo assieme l'idea che agire consapevolmente e pianificando è l'unica via per far fruttare le fatiche di una vita.

TAPPE RAGGIUNTE

▶ PRINCIPIO 1

Gestire il patrimonio è come una tappa di montagna fatta di salite, discese e tratti pianeggianti.

▶ PRINCIPIO 2

Conoscenze e consapevolezza sono necessarie per non farsi paralizzare dalla paura, che è la prima fonte di errore nella gestione delle proprie risorse.

▶ PRINCIPIO 3

L'approccio da Family Office è una delle vie per prendersi cura del proprio patrimonio.

▶ PRINCIPIO 4

Il metodo dell'Intelligenza Patrimoniale è l'approccio strategico, un percorso che porta a difendere il patrimonio di famiglia prendendone l'effettivo possesso strategico e operativo.

CAPITOLO

02

L'IMPORTANZA DELLA SCELTA

2.1 La storia della signora Agnese

Raggiunta la cima con la mia bicicletta, osservo il paesaggio e rifletto. Pedalando in salita i particolari li si guarda distrattamente, ma da lassù, ogni particolare si unisce all'altro, sorprendendomi ogni volta per la bellezza della natura e la sua capacità di racchiudere le diversità in un unico panorama.

L'eterogeneità della forma in un'unica sostanza, ecco come dovrebbe apparire una gestione patrimoniale.
In anni di consulenze, ho gestito ingenti patrimoni e, spesso, la situazione iniziale era a dir poco disastrosa specie per due aspetti importanti: la diversificazione del rischio e la protezione del capitale.
Se da una parte è bene ricordare che guadagnare è importante, dall'altra lo è ancor più assicurare alla propria ricchezza la giusta protezione attraverso una visione d'insieme dell'intero patrimonio. Suddividerlo equamente in uno scenario organico, proporzionato e simmetrico.

Il 60% dei patrimoni degli italiani vengono investiti in immobili, con poca liquidità disponibile, come accadde alla signora Agnese, simpatica cliente conosciuta nel 2013, con un patrimonio di circa quattro milioni e mezzo di euro derivante da una cospicua eredità dell'ex marito.

Carte alla mano, la signora possedeva una liquidità di circa centomila euro e il resto investito in immobili.
I consulente precedente aveva gestito una parte della liquidità ottenendo un +15% in un anno e mezzo.

Un lavoro discreto che rendeva soddisfatta la signora. Ma quando le chiesi che influenza avesse quella percentuale sul suo intero capitale e in che modo incidesse positivamente sulla sua vita, l'espressione del suo volto cambiò. Nonostante l'ingente ricchezza, la sua esistenza era semplice. Spendeva giusto la sua pensione e raramente intaccava il patrimonio.

Inoltre, la signora Agnese non sapeva che tutti gli immobili di sua proprietà erano più un costo che un effettivo guadagno.
Buona parte delle spese fisse sugli stabili (come IMU e manutenzione) stavano erodendo gli affitti incassati e persino la sua pensione. Se avesse continuato con una gestione di questo tipo, si sarebbe presto trovata senza liquidità e senza nuove entrate, fatta eccezione per la pensione.

Dalle prime consulenze, ci siamo focalizzati sul comprendere nel dettaglio la sua situazione, valutando contesto e reali necessità della cliente. Farle comprendere l'importanza di creare un buon equilibrio patrimoniale è stato il mio primo obiettivo, attraverso un approccio sistemico e onnicomprensivo.

Tra tutti gli immobili valutati, uno in particolare ci ha portato a un lungo "braccio di ferro". Una meravigliosa casa a Montecarlo, del valore di circa due milioni di euro, era praticamente inutilizzata.
La signora passava un solo fine settimana l'anno e, a conti fatti, le sarebbe costato meno alloggiare in un lussuoso hotel della Costa Azzurra che sostenere le spese per quell'immobile.
Costi talmente alti da permettere alla signora un mese in albergo deluxe!

Il valore affettivo e la radicata convinzione che il mattone produca a priori ricchezza erano i due ostacoli da superare. Agnese però comprese che era venuto il momento di smobilizzare gli immobili meno convenienti, tra cui la residenza nel Principato.
Non fu complicato venderlo e la cifra recuperata era in linea con i valori di mercato.
Il consiglio, seguendo il mio metodo dell'Intelligenza Patrimoniale, di smobilizzare altri immobili – proprietà immobiliari di piccole e grandi dimensioni inutilizzate – è stata la mossa giusta per Agnese: oggi, il suo patrimonio ammonta a circa cinque milioni e mezzo di euro, dei quali tre milioni e ottocento mila sono di liquidità immediatamente disponibile, e solo il resto è investito in immobili.

Le ansie provenienti dalla gestione degli immobili, il controllo delle spese, l'incasso degli affitti e le manutenzioni ordinarie e straordinarie, con la vendita sono state sostituite da una serenità dimenticata da tempo e da una nuova liquidità.
Al contrario di mia nonna, la signora Agnese scelse di non farsi paralizzare dalla paura e di agire in difesa del suo patrimonio.

Cosa sarebbe accaduto se il mercato immobiliare fosse crollato improvvisamente, prima della vendita?
Nel mondo finanziario tutto è possibile, e questi eventi, improvvisi e inaspettati, vengono chiamati “cigni neri”.

Una volta smobilizzato gran parte del patrimonio immobiliare, io e la signora Agnese abbiamo potuto lavorare più serenamente sulla parte liquida, generando un reddito costante annuo di circa centoventimila euro. Non solo: anche le spese della signora sono diminuite in modo sensibile, riducendo al minimo le tassazioni sugli immobili.

Attraverso la ricerca di un nuovo equilibrio, abbiamo raggiunto insieme un triplice obiettivo: proteggere il patrimonio, diversificare il rischio e far prosperare il capitale.
Per chi, come me, opera nel mondo consulenziale può considerarsi un ottimo risultato, ma io lavoro sempre per raggiungere un obiettivo ancora più alto: garantire la massima serenità ai miei clienti.

La signora Agnese non aveva beneficiari legittimi del suo patrimonio e, quando l'età del futuro infinito si trasforma nell'età del futuro che rimane, è del tutto naturale riflettere su come gestire la propria ricchezza e a chi destinarla.
Gran parte della serenità di Agnese dipendeva da questa esigenza.
Abbiamo creato, quindi, un fondo interno – un contenitore assicurativo – identificando i beneficiari nella ristretta cerchia dei parenti a cui la signora era più affezionata.
Un'altra piccola parte della liquidità accumulata è stata destinata al fratello, che aveva da poco perso il lavoro, senza però aver raggiunto l'età pensionistica, e necessitava di un aiuto economico.
Tutto ciò non sarebbe stato possibile con la risicata liquidità precedente al mio intervento.

2.2 L'equilibrio ritrovato

Oggi, io e la signora Agnese ci sentiamo regolarmente per fare il punto della situazione e ogni volta mi rallegro di sentirla tanto tranquilla e soddisfatta: i soldi e il patrimonio per lei non sono più una preoccupazione, ma una piacevole fonte di serenità.

L'obiettivo primario del mio metodo di Intelligenza Patrimoniale è raggiungere la serenità del cliente.
L'equilibrio tra le parti, come dalla cima della montagna, permette una gestione finanziaria fatta di protezione e rispetto per la storia personale del cliente.

Tutte le ricchezze sono frutto di sacrifici di qualcuno, sono i proventi di storie imprenditoriali di successo.
È un dovere morale proteggerli e porre le basi per investimenti futuri.
Non c'è nulla di più errato di credere che la ricchezza generi altra ricchezza stando fermi.

Ogni storia ha un valore che va accolto e rispettato.
Un approccio passivo sul proprio patrimonio è infruttuoso.
Solo grazie a scelte ponderate e consapevoli si potranno indirizzare le proprie ricchezze e migliorare la gestione del proprio patrimonio.

Come per la signora Agnese, il primo passo è aver chiara l'esigenza più intima che spinge a dedicarsi alla gestione del proprio denaro, capire il senso più alto che si vuole raggiungere.

Per la signora, era quello di liberarsi dallo stress e dall'ansia, attraverso una consapevolezza di responsabilità che metteva in luce la mancanza di conoscenze sufficienti per svolgere il suo ruolo al meglio.

Qualunque sia il *perché*, la giusta consapevolezza finanziaria è il *come*.

TAPPE RAGGIUNTE

▶ PRINCIPIO 1

La ricerca dell'equilibrio finanziario è alla base di una buona gestione patrimoniale.

▶ PRINCIPIO 2

Valutare con attenzione se i propri investimenti sono allineati alle reali esigenze del momento di vita in cui ci si trova; se così non è riportare quanto prima un allineamento.

▶ PRINCIPIO 3

Per vivere la propria ricchezza con serenità è importante prendersi cura del proprio patrimonio. Approfondire i temi legati alla finanza personale aumenta quella consapevolezza che è determinante per proteggere al meglio il proprio capitale.

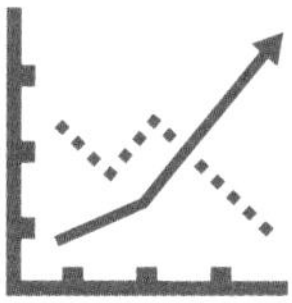

CAPITOLO

03

NON ESISTE UN PORTO SICURO

3.1 I Cigni neri che hanno cambiato il mondo

Gli appassionati delle due ruote, come me, sanno che una scalata non è certamente una tranquilla pedalata in un parco cittadino: ogni curva in montagna nasconde tornanti insidiosi, improvvisi aumenti di pendenza, condizioni atmosferiche potenzialmente avverse.

Per superare ogni sorta di imprevisto – dal problema meccanico al cedimento fisico – è necessaria una preparazione fisica ottimale e una buona dose di consapevolezza.
Salgo in sella con una conoscenza precisa degli ostacoli che potrei incontrare sul mio percorso.

Esistono però eventi imprevedibili e non ipotizzabili. Hanno una probabilità minima di comparsa, ma non si può scartarla a priori: una frana che blocca la strada, uno smottamento dell'asfalto, un camionista che perde il controllo del mezzo, un velivolo che piomba di colpo sulla strada.

Probabilmente sto esagerando, ma sono situazioni che possono accadere. Imbattersi in uno di questi improvvisi eventi, significherebbe cambiare l'obiettivo, ovvero non più raggiungere la cima, ma mettersi in salvo.

In finanza, questo genere di eventi si chiamano "cigni neri". Difficili da spiegare prima del loro accadimento, facili da interpretare una volta accaduti.

Cigno Bianco Vs Cigno Nero

È stato Nassim Nicholas Taleb – matematico, trader, professore di "ingegneria del rischio" alla New York University e alla Oxford University e autore del libro "The Black Swan" – a spiegare la teoria del cigno nero.

Nel suo saggio, Taleb analizza nel dettaglio la nostra (mancata) predisposizione a tenere in considerazione eventi inaspettati, facendoci riflettere sull'importanza di difendersi dai rischi legati a questi, soprattutto in relazione alla gestione patrimoniale di grandi ricchezze.

L'esempio della pandemia Covid-19 può considerarsi a tutti gli effetti un cigno nero: un evento inaspettato e imprevedibile che nessuno avrebbe potuto immaginare, una catastrofe piombata improvvisamente sulle nostre vite, cambiando per sempre la percezione del futuro. Fin da subito il mondo scientifico non ha fatto che interrogarsi sulle cause del virus, rendendo ben presto spiegabile quello che fino a pochi mesi prima non sarebbe nemmeno stato ipotizzabile.

Un evento che non ha riguardato solo ed esclusivamente la sfera sanitaria, ma ha trascinato con sé l'intero comparto finanziario: le borse hanno registrato perdite ingenti, soprattutto nella fase iniziale della pandemia, e i consumi e la produzione sono crollati a causa dei lockdown generalizzati in tutto il mondo.

Chi avrebbe potuto, prima di gennaio 2020, ipotizzare un simile scenario?
Nel suo libro, Taleb ammonisce l'atteggiamento diffuso del rifiuto dell'incertezza: ogni nostra decisione quotidiana viene presa pensando a una continuità dell'oggi nel domani, nella certezza che è altamente improbabile che possano verificarsi accadimenti in grado di intaccare le nostre routine.

Taleb racconta che i cigni neri sono da sempre alla base dei più grandi cambiamenti tecnologici, scientifici, finanziari, culturali. Ripensando al Covid-19, quanto sono cambiate le nostre abitudini di acquisto? Il commercio online, che pure esisteva precedentemente, è esploso trasformando per sempre la storia del retail.

Tornando indietro nel tempo, alla fine degli anni Novanta, il mondo finanziario ha affrontato diverse crisi inattese, le quali hanno rivoluzionato lo *status quo* economico e politico, generando una forte discontinuità. La gran parte degli investitori si trovò impreparata, proprio perché arroccata sulle comode idee di stabilità e di continuità.

Un altro cigno nero epocale è stata la crisi del 2008. Un tracollo finanziario iniziato a settembre, catastrofica conseguenza diretta della bolla dei mutui sub-prime, durante la quale vennero concessi prestiti senza controllo per l'acquisto di immobili.

Gli anni precedenti questo evento furono caratterizzati da una certa esuberanza economica: il credito era concesso facilmente, l'inflazione era bassa, i tassi di occupazione altissimi.

L'umore degli investitori, dati questi presupposti, era alle stelle. Il mercato continuava a crescere costantemente dopo il boom economico post attacco alle Torri Gemelle. Quando la banca di investimento Bear Stearns registrò l'ingente vendita di azioni da parte di investitori – preoccupati dal calo di valore dei propri titoli garantiti da mutui su immobili – altre grandi istituzioni finanziarie e imprenditoriali del mondo furono coinvolte.

Un effetto domino che condusse allo scoppio della bolla e all'inizio del collasso immobiliare.

Istituti come Lehman Brothers fallirono e grandi compagnie assicurative – Fannie Mae e Freddie Mac – impegnate nella copertura di gran parte dei mutui made in U.S.A. registrarono enormi difficoltà.

Prima della crisi, tutto filava liscio, forse troppo. Nessuno poteva immaginare un simile tracollo e solo successivamente le cause furono in realtà molto semplici da comprendere.

Alla luce di questi macro-esempi, nell'ottica di un mantenimento a lungo raggio della propria stabilità finanziaria, è molto importante saper equilibrare investimento e protezione del patrimonio.

Una buona difesa patrimoniale dipende dalla capacità di non farsi cogliere impreparati davanti a un cosiddetto cigno nero.

3.2 Cavalcare un Cigno Nero

Come sostiene Taleb, i cigni neri stanno diventando sempre più frequenti e sapere come interpretarli è la strada giusta per garantire alla propria ricchezza la crescita che merita.
Non tutti gli eventi che accadono nella macroarea economico-finanziaria possono essere considerati cigni neri. Per esempio, crisi localizzate, a livello geografico e settoriale, che incidono sui mercati di riferimento senza trascinare l'intera economia mondiale.

Un cigno nero, invece, ha una portata globale. E, come sostiene un mio caro amico, "un cigno nero è tale quando ne parla anche il panettiere", affermazione triviale ma incisiva.

L'Italia ha affrontato un cigno nero di grossa portata nel 2011, interiorizzando una crisi nata prima in Irlanda, Portogallo e Grecia, poi diffusasi nel resto d'Europa: la cosiddetta "crisi del debito".

Un amico aveva preso in gestione l'azienda e il patrimonio del padre – frutto di scelte imprenditoriali di valore e di strategie finanziarie vincenti – noto imprenditore piemontese in pensione. Non era un buon momento per il passaggio di consegne.
L'Italia aveva subito un declassamento in termini di solidità e solvibilità da parte delle agenzie di rating, e lo spread (il differenziale tra i tassi dei BTP italiani e dei Bund tedeschi) era passato dai 173 punti di inizio gennaio ai 528 di fine dicembre, segnando un incremento di 355 punti[1].

[1] *173 punti rappresentano l'1,73% di differenza tra il rendimento del BTP e del Bund. Ciò significa che il Btp rendeva annualmente l'1,73% in più. Nei periodi di crisi il BTP è arrivato anche a rendere il 5,28% in più del Bund tedesco.*

Un dato che parlava chiaro: l'Italia non era più considerata dagli investitori un Paese affidabile e i Titoli di Stato italiani erano tutto fuorché un porto sicuro.

Una situazione che spaventava sia i grandi che i piccoli investitori, dato che gran parte dei risparmi dei cittadini italiani e degli investimenti di molte grandi istituzioni era allocata in Titoli di Stato.

D'altra parte, l'idea che investire in uno Stato sia sinonimo di sicurezza e tranquillità ("Uno Stato non può fallire!") è purtroppo radicata in molti investitori, nonostante la ben nota vicenda dei bond argentini. A completare il quadro disastroso, molte assicurazioni avevano investito in Titoli di Stato per poi lucrare sulle loro polizze Ramo I (le cosiddette Gestioni Separate), guadagnando in media 1,5/2 punti percentuali. Quando nell'estate di quell'anno, la crisi diventò di portata pubblica, l'idea di investimento in Titoli di Stato come capitale garantito iniziò rapidamente a sgretolarsi.

L'Italia non fu mai così vicina al default e il mio amico era preoccupato proprio dall'alta percentuale di investimento fatta dal padre in Titoli di Stato, circa il 65%, su consiglio di consulenti esterni.

In quei mesi, i BTP stavano perdendo dai 20 ai 30 punti percentuali, che nel suo caso significava una perdita di circa il 15%. Senza un buon grado di diversificazione, l'arrivo di quel cigno nero stava prefigurando per lui – così come per molti italiani – perdite molto sostanziose. In caso di default (e il rischio era alto) il mio amico non avrebbe potuto recuperare il capitale. Allo stesso tempo, però, non poteva nemmeno uscire anticipatamente, perché la conseguenza sarebbe stata un'importante perdita sul capitale iniziale.

Bisognava solo sperare che la tempesta passasse rapidamente.
Come molti italiani, anche il mio amico si rese conto dell'importanza della diversificazione degli investimenti. Se suo padre avesse creato un buon equilibrio tra investimenti e liquidità, non si sarebbe trovato sull'orlo del baratro.

Un'ipotesi plausibile avrebbe potuto essere quella di mantenere in liquidità il 75% e investire il restante 25% (seguendo il metodo Barbell che verrà analizzato più avanti), così, in caso di un evento "cigno nero", dopo attente valutazioni e con il mercato in rapida discesa, si sarebbe potuta incrementare la percentuale sull'investimento di un'ulteriore 25%.

Dopo quella crisi, in molti aprirono gli occhi su una grande verità: per guadagnare è necessario agire nella consapevolezza dell'incerto. I cigni neri non devono far paura, al contrario, vanno governati.

È possibile, quindi, non farsi sorprendere da un cigno nero? Secondo Taleb, sì. Grazie a conoscenza finanziaria, esperienza, capacità di non farsi influenzare dai pregiudizi.

Seguendo questa impostazione, non sono pochi quelli che sono riusciti a governarlo, traendone importanti guadagni.
Ad esempio, gli investitori che prima del 2008 acquistarono dei CDS (Credit Default Swap), ovvero derivati creditizi che difendono dal rischio di default, una vera e propria assicurazione finanziaria contro il fallimento.
Un esempio limite, che può aiutare a riflettere: proteggersi da un cigno nero non significa mettere in atto un'azione conservativa.

Anche i grandi investitori (i fondi) vennero afferrati dalla paura, portandoli a disinvestire per rispondere alla frenetica richiesta di liquidità della clientela. Un investitore oculato sa che quello è il momento di acquistare, perché il valore in discesa tenderà a risalire dopo la temporanea burrasca sui mercati.

Il mio amico, secondo l'ipotesi, al ripristino della situazione di normalità avrebbe mantenuto il 50% di liquidità, il 25% di investimento sarebbe tornato tale e l'altro 25% investito successivamente, con tutta probabilità, sarebbe raddoppiato, generando un guadagno complessivo del 25%.

Questo significa trarre opportunità dalle difficoltà, partendo sempre dal presupposto determinante che proteggere il capitale è il primo passo per accrescere la propria ricchezza.

3.3 L'assenza di un porto sicuro

Spesso il mondo finanziario ha descritto le polizze Ramo I come un "vero" investimento sicuro.
La polizza ramo I viene definita da Covip (commissione vigilanza sui fondi pensione) come assicurazione sulla vita, il cui fondo appositamente creato dall'impresa di assicurazione è gestito separatamente rispetto al complesso delle attività dell'impresa.

Le gestioni separate sono utilizzate nei contratti di ramo I e sono caratterizzate da una composizione degli investimenti tipicamente prudenziale.
Il rendimento ottenuto dalla gestione separata e retrocesso agli aderenti viene utilizzato per rivalutare le prestazioni previste dal contratto.
Può anche essere riconosciuta una garanzia di restituzione del capitale versato e/o di un rendimento minimo e il consolidamento annuo dei risultati (ciò significa che i rendimenti realizzati sono definitivamente acquisiti e non possono essere modificati dalle eventuali perdite o dai minori rendimenti degli anni successivi).
Tutto sicuro e garantito fin qui anche se qualcosa di inaspettato è arrivato nel 2023.

Il 6 febbraio 2023 l'IVASS, l'Istituto per la Vigilanza delle Assicurazioni, ha emesso un provvedimento tramite il quale disponeva "la sospensione temporanea della facoltà dei contraenti di esercitare i riscatti" dalle polizze assicurative stipulate con Eurovita S.p.A., fatto salvo la possibilità di procedere comunque al rimborso delle forme pensionistiche complementari.

La necessità deriva da un'inadeguata patrimonializzazione della compagnia, ragione per cui l'IVASS ha imposto il commissariamento della società e il conseguente congelamento dei riscatti sino al 31 marzo 2023 poi successivamente prolungato, onde evitare che una possibile "corsa agli sportelli" possa aggravare ulteriormente la situazione.

Si tratta di una condizione nuova per il panorama finanziario-assicurativo del nostro Paese: oltre 400mila contratti congelati, per un totale di circa 15 miliardi di euro, cerchiamo dunque di chiarire a quali rischi siano realmente esposti gli assicurati Eurovita e gli investitori del mercato dei capitali.

Per comprendere a pieno il contesto, bisogna partire dall'analisi dei prodotti assicurativi emessi dalla compagnia, con un focus sulle polizze assicurative Ramo I e Ramo III. Le polizze Ramo III permettono al contraente di affidare il proprio patrimonio a un gestore che lo investirà in strumenti del mercato dei capitali, generalmente fondi comuni di investimento, beneficiando dell'eventuale apprezzamento di tali prodotti, con conseguente valorizzazione della polizza sulla base del prezzo dei sottostanti. Diversamente, le polizze Ramo I garantiscono al sottoscrittore un rendimento annuo minimo, realizzato tramite l'investimento del capitale in strumenti obbligazionari a basso rischio, tipicamente Titoli di Stato che, teoricamente, hanno oscillazioni di prezzo contenute. Questo, appunto, in teoria.

Com'è noto, il 2022 è stato un anno particolarmente difficile per i mercati: una tempesta perfetta generata dal processo di riaperture e di corsa ai consumi post-pandemia, con la supply chain globale ancora in difficoltà e la guerra in Ucraina a complicare ulteriormente le condizioni, costringendo le Banche Centrali a correre ai ripari, alzando repentinamente i tassi di interesse nel disperato tentativo di contrastare i più alti livelli di inflazione dalla creazione della moneta unica in Europa.

A differenza del mercato azionario che basa le proprie valutazioni su una serie ampia e complessa di variabili, più o meno tangibili, il mercato obbligazionario risponde in larga parte a logiche di tipo matematico: i tassi e le aspettative legate al loro andamento regolano il prezzo dei sottostanti, nella ricerca del corretto costo-opportunità del denaro, uniformando il rendimento dei bond che presentano le medesime caratteristiche in termini di duration e di rischio.

I tassi di riferimento della BCE sono passati rapidamente, nel giro di poco più di 6 mesi, da zero al 3,0%, generando importanti decrementi dei prezzi dei Titoli di Stato a tasso fisso dell'area Euro.
Il decennale italiano, che nel 2021 offriva un rendimento dell'ordine dello 0,6%, è schizzato a rendimenti superiori al 4,0%. Tutto questo ha avuto un impatto importantissimo sul prezzo dei titoli italiani scambiati sul mercato secondario, generando perdite di valore di oltre il 25%.

Da questo fattore nasce il problema di Eurovita nel 2023: la compagnia, così come tutte le altre società del settore, ha emesso polizze Ramo I a capitale garantito con sottostante bond governativi italiani. Il termine "capitale garantito", richiede che al sottoscrittore sia garantito il rimborso del premio versato in caso di riscatto, ma, se il valore dei sottostanti è sceso di oltre 1/4, chi dovrà liquidare il gap all'assicurato? La compagnia assicurativa, naturalmente, è chiamata a coprire la differenza garantita dalla stessa in sede di emissione della polizza.

Fatte le dovute premesse, dovrebbero risultare più chiare le motivazioni che hanno spinto l'IVASS a congelare la possibilità di richiedere il riscatto da parte degli assicurati: una richiesta massiva di rimborsi, guidata dal panico scatenato dalla notizia, avrebbe costretto Eurovita a chiudere posizioni su ingenti quantità di titoli di debito che quotano tendenzialmente a valutazioni inferiori rispetto a quelle alle quali sono stati acquistati e valorizzati all'interno dei prodotti assicurativi a capitale garantito.

La misura è pertanto, giustamente, preventiva.
Dalle indagini effettuate dall'Istituto di Vigilanza, già a fine 2021, sono emerse possibili criticità sotto il profilo della patrimonializzazione ed è pertanto stata richiesta al Fondo Cinven, principale azionista della compagnia, una manovra di ricapitalizzazione di 200 milioni di euro, finalizzata a garantire la solvibilità anche in caso di particolari situazioni di stress.

Ora, sta alle Autorità valutare l'evolversi della situazione nella tutela dei risparmi degli assicurati.

Questa vicenda, come anticipato relativamente nuova nel panorama italiano, ha fatto emergere una delle potenziali criticità del sistema finanziario: non esistono porti considerabili sicuri a prescindere, bisogna sempre valutare con attenzione al componente rischio dei propri investimenti, anche quando il prodotto sottoscritto titola "capitale garantito", dal momento che possono sempre verificarsi situazioni per le quali la garanzia del capitale è messa a rischio.

Ricordiamoci che le compagnie assicurative sono un tassello chiave del mondo finanziario, interconnesse tanto quanto le banche, e il fallimento di una sola di esse potrebbe scatenare un effetto domino sull'intero sistema, proprio come avvenuto, lato bancario, nel 2008 con Lehman Brothers in America.

Fortunatamente, la Vigilanza italiana ed europea attenziona periodicamente, tramite ispezioni e segnalazioni prudenziali, la stabilità economica e patrimoniale degli attori coinvolti nel sistema, proprio per evidenziare condizioni come quella di Eurovita che, quando contrastate con adeguato anticipo, possono essere gestite nel comune interesse dei risparmiatori e degli intermediari.

TAPPE RAGGIUNTE

▶ PRINCIPIO 1

I Cigni neri sono eventi imprevisti che possono cambiare repentinamente lo status quo economico.

▶ PRINCIPIO 2

I Cigni neri sono facilmente spiegabili solo dopo che si sono verificati.

▶ PRINCIPIO 3

Non esistono porti sicuri ma, secondo Taleb, è possibile difendersi dai Cigni neri grazie a conoscenza finanziaria, esperienza, capacità di non farsi influenzare dai pregiudizi.

▶ PRINCIPIO 4

Dalle difficoltà si possono trarre opportunità di guadagno, ricordando sempre che il primo passo per accrescere la propria ricchezza è proteggere il capitale.

▶ PRINCIPIO 5

Leggere il libro il Cigno Nero è particolarmente importante e intrigante: qui di seguito abbiamo pensato di fornirti il link del libro e un nostro breve riassunto commentato.

▶ PRINCIPIO 4

Non esiste un porto sicuro: abbiamo visto come anche il "capitale garantito" di una polizza Ramo I può essere esposto ad importanti rischi.

CAPITOLO

04

IL MONDO VERO

Nell'universo dei grandi patrimoni, il mondo vero non è composto da coloro che desiderano guadagnare attraverso trading azzardati o investimenti ad alto rischio. È fatto di famiglie con ricchezze con una sola esigenza: proteggere e strutturare al meglio il proprio capitale per raggiungere gli obiettivi prefissati.

Nel mio viaggio verso la comprensione della realtà, arrivare a questa consapevolezza è stato fondamentale. La mia carriera professionale è stata una vera scalata nel mondo finanziario. Durante il mio percorso mi sono fermato nelle tappe intermedie, ho commesso errori di valutazione interiorizzando lezioni fondamentali. Scorgendo sempre più da vicino la cima della montagna, ho la possibilità di osservare paesaggi nella loro interezza, perché dall'alto tutto è sempre più chiaro e limpido.

Al principio del mio lavoro, mi sono concentrato sulla compravendita di titoli e sui variegati aspetti di questa materia. Seguivo i mercati americani e giapponesi lavorando di notte, negoziavo milioni e milioni e mi sembrava che l'economia mondiale girasse attorno a quelle transazioni. Lavorare per una SGR internazionale, un ambiente popolato da persone competenti, mi ha portato a maturare una visione: porre il cliente sempre al centro della consulenza.

Non è affatto un atteggiamento scontato, anzi! Maneggiare cifre ingenti, patrimoni frutto di anni di lavoro e di sacrifici, necessita il massimo rispetto. Ben presto mi sono reso conto che per gestire il patrimonio nella sua interezza è fondamentale proporre al cliente una consulenza trasversale, ovvero su diversi livelli: mobiliare, immobiliare e gestione dei rischi. Sono convinto che i grandi patrimoni, e chi li possiede, abbiano bisogno di un professionista in grado di valutare

la ricchezza nel suo complesso, comprendere le singole esigenze, le insidie e le opportunità con una visione complessiva.
Chi gestisce solitamente questi patrimoni non possiede tale visione e il più delle volte si tratta di intermediari e di interlocutori con una visione parziale e spesso non priva di interessi di parte.

4.1 Chi sono gli intermediari?

La finanza si struttura su tre diversi livelli: nel livello superiore ci sono le SGR. Si tratta di pool di analisti, gestori e professionalità tecniche che confezionano un prodotto di tipo azionario, obbligazionario, bilanciato, composto da derivati e così via. Spesso le SGR non hanno una struttura commerciale e per raggiungere il cliente si affidano agli intermediari, posti al secondo livello, ovvero banche o compagnie assicurative.

In Italia, la struttura bancaria è basata sul modello tedesco che prevede una gestione interna completa: retail, corporate, investimenti, ecc. Molto diverso dal modello americano, in cui ci sono banche specializzate per ogni settore interno.
L'accentramento delle banche in Europa prevede che tutti i prodotti delle SGR arrivino a loro e da loro al pubblico attraverso le strutture poste al terzo livello: le filiali, all'interno delle quali un responsabile, a seconda della politica dell'istituto di riferimento, propone uno specifico prodotto cercando di soddisfare, più che il cliente finale, i budget di vendita richiesti.

Come si può immaginare, questa struttura comporta costi elevati che si riversano inevitabilmente sul cliente finale, sul quale ricadranno:

la percentuale di gestione richiesta dalla SGR, quella della banca in quanto soggetto commerciale e la retribuzione degli operatori che lavorano in filiale.

Per esempio, su un patrimonio di 10 milioni di euro, un ipotetico 3% di costi di gestione corrisponde a una spesa pari a 300 mila euro (praticamente lo stipendio medio lordo annuo di una dozzina di lavoratori italiani).
All'interno di questo sistema, il conflitto di interesse è implicito nell'offerta: esistono, infatti, prodotti che hanno priorità su altri perché retrocedono commissioni più elevate.
Non importa che tali prodotti siano meno affidabili e strutturati per il cliente, prima verrà sempre il guadagno dell'ente, poi l'interesse del cliente.
Gli istituti di credito hanno, col tempo, creato grandi sovrastrutture sul prodotto aggiungendo polizze assicurative o fondi di fondi, per garantirsi sempre maggiori commissioni da parte del cliente.

Per abbattere i costi di gestione, nel mondo finanziario si sono fatte strada nuove figure professionali, quali i consulenti indipendenti: professionisti dell'intermediazione senza alcun legame diretto con gli istituti di credito.
Liberi di operare esclusivamente nell'interesse del patrimonio del cliente. Scevri da qualsiasi condizionamento esterno, consigliano e suggeriscono secondo esperienza, buon senso e studio analitico della singola situazione patrimoniale.

Cosa ci guadagnano? Il loro ritorno economico si concretizza in base ai risultati che portano, gli obiettivi che si pongono sono in accordo con quelli del cliente.

4.2 L'universo investibile e l'azzardo morale

In cosa consiste l'universo investibile in cui si muove la finanza?

È possibile suddividere tale universo investibile in quattro macrocategorie, dette asset class, ovvero diverse possibilità di investire il proprio denaro, ognuna con una propria tipologia di rischio annessa:

1. **Mantenere liquidità:** lasciare i soldi sul conto bancario non è un segno di debolezza. Non investire è di per sé una scelta. Se nessun investimento sembra adatto per una specifica gestione patrimoniale, potrebbe anche essere la strada giusta da percorrere. Attenzione, però: non investire non è una soluzione esente da rischi. Se da una parte non si è esposti al rischio di mercato, dall'altra si è vulnerabili dinanzi al fallimento dell'istituto di credito presso il quale sono depositati i soldi, nonché alla crescita dell'inflazione (cioè, alla perdita del potere d'acquisto dovuto all'aumento dei prezzi).

2. **Prestare i propri soldi** attraverso strumenti come le obbligazioni o i Titoli di Stato. Scelta che, come abbiamo visto, presenta rischi intrinsechi e consistenti.

3. **Investire in asset reali:** immobili, oro, diamanti, orologi, macchine da collezione, opere d'arte. Insomma, tutto ciò che è tangibile. Anche in questo caso, c'è un rischio di mercato, perché la svalutazione è sempre un'eventualità plausibile, così come l'impossibilità di monetizzare l'investimento. Per esempio, un'opera d'arte pagata a caro prezzo che non ha mercato di vendita resterebbe immobilizzata e non garantirebbe alcuna liquidità.

4. **Investire in imprese:** partecipare alla creazione di progetti imprenditoriali o acquistare azioni di aziende quotate o non quotate è una soluzione che può sicuramente generare grandi soddisfazioni, ma non è certo dispensata da rischi a causa della volatilità dei titoli.

4.3 L'azzardo morale frequente

Supponiamo che un investitore con un patrimonio di 9 milioni di euro, nel tentativo di diversificare per abbassare il fattore di rischio, decidesse di suddividere la propria ricchezza tra tre diversi gestori: 3 milioni investiti presso la banca A, 3 milioni investiti presso la banca B e 3 milioni presso la banca C.
Ogni banca, non avendo molta scelta tra titoli buoni, finirebbe per scegliere investimenti simili.

Il cliente non avrebbe, quindi, diversificato alcun rischio, ma solo replicato lo stesso investimento aumentandolo.
Inoltre, se i gestori dei tre diversi istituti sapessero di amministrare soltanto una parte del patrimonio del cliente, opterebbero per investimenti maggiormente rischiosi nella speranza di generare performance superiori ai concorrenti, tentando di dimostrare al cliente la propria superiorità operativa, giocando la loro partita sul patrimonio del cliente.
Se, al contrario, i tre gestori non fossero al corrente di gestire solo una parte del capitale, l'efficienza della gestione e l'esposizione al rischio per il cliente risulterebbe ancora più fuori controllo.
Questo esempio spiega quello che in gergo accademico viene definito **azzardo morale**.

Una condizione in cui un soggetto, esentato dalle eventuali conseguenze economiche negative di un rischio, si comporta in modo diverso da come farebbe se invece dovesse subirle.
Declinando questa definizione nel settore finanziario, potremmo definire l'azzardo morale come quel mancato allineamento di interessi tra cliente e professionista che fa sì che quest'ultimo non agisca nell'interesse diretto del cliente, ignorando i rischi che potrebbero abbattersi su di esso.

Verso la fine del 2017, un cliente entrò nel mio ufficio particolarmente irritato perché, a suo dire, numeri alla mano, la mia gestione non performava quanto quella di altri gestori.
Cercai di spiegargli nuovamente il concetto di pianificazione, ma non volle sentire ragioni.
Così gli dissi che, se proprio voleva ignorare il fattore rischio pur di ottenere le performance a cui aspirava, poteva investire tutto su azioni quotate sul Nasdaq, utilizzando la stessa rischiosa strategia degli altri gestori bancari.

L'anno successivo, la crisi trascinò i mercati in picchiata e quel cliente perse molti soldi (fortunatamente solo virtualmente, perché poi il Nasdaq ha ripreso a salire).
Solo in quel momento si rese realmente conto di aver messo in pericolo il suo patrimonio e che la competizione dei gestori era la strada sbagliata per amministrare la sua ricchezza.
Ecco come l'azzardo morale può colpire un patrimonio: il gestore sa bene di poter perdere il cliente, ma il cliente non sa che può perdere tutto. L'obiettivo di una buona gestione patrimoniale deve essere quello di limitare al minimo l'azzardo morale. Come? Partendo da una domanda chiave: in che modo si sta remunerando chi si occupa

del proprio patrimonio? Se non si riesce a rispondere in modo chiaro a questa domanda, probabilmente il patrimonio è esposto all'azzardo morale.
Lo scenario ideale prevede un unico gestore o, meglio, family officer al quale affidare la propria ricchezza. Un'unica regia con una visione sistemica delle reali esigenze del singolo cliente che punti a garantire sicurezza e serenità, che conosca la storia, le preoccupazioni, le necessità, la composizione familiare o le idee sul futuro. Praticamente, un confidente fidato che agisca nel solo interesse del cliente.

4.4 Rischi e rendimento: come gestirli

"È possibile guadagnare tanto senza rischiare nulla?", mi chiedono quasi tutti i clienti al primo appuntamento nel mio ufficio. Chiunque vorrebbe vedere crescere le ricchezze accumulate senza rischio alcuno. La verità è che, se si desidera un alto rendimento, è inevitabile correre dei rischi maggiori, così come un basso rendimento comporta rischi minori. È la legge del mercato. Rischio e rendimento seppur legati tra loro, non sono sempre direttamente proporzionali.
Esistono principalmente quattro tipologie di rischio.
Il **rischio di mercato** è del tutto legittimo e insito nell'idea di investimento (con il mio metodo di Intelligenza Patrimoniale l'approccio usato segue le linee guida del metodo Barbell). Il **rischio di credito** sottende l'idea che l'istituto finanziario possa fallire, per cui va evitato. **L'aggressione da terzi** può essere scongiurata utilizzando appropriati strumenti giuridici. Il **rischio fiscale** è superabile con l'appoggio di strutture che permettono di ottimizzare sia la tassazione degli utili, sia per quanto riguarda il passaggio generazionale.
La prima arma per scongiurare il rischio è dunque la consapevolezza.

TAPPE RAGGIUNTE

▶ PRINCIPIO 1

I quattro grandi asset class che compongono l'universo investibile sono: cash, obbligazioni, beni reali e azioni di aziende quotate e non quotate.

▶ PRINCIPIO 2

Le enormi sovrastrutture create sui prodotti finanziari comportano elevati costi di gestione che ricadono sul cliente. Ridurli è possibile grazie ad un approccio indipendente della consulenza di chi ci affianca.

▶ PRINCIPIO 3

È necessario evitare gestori e consulenti che operano applicando il cosiddetto azzardo morale

▶ PRINCIPIO 4

Esistono 4 tipologie di rischio: rischio di mercato, rischio di credito, rischio di aggressione da terzi e rischio fiscale.

CAPITOLO

05

TRA PASSATO E PRESENTE PER CAPIRE IL FUTURO

Nel mondo della finanza, così come in molte altre aree dello scibile, è impossibile prevedere cosa ci riserverà il futuro.
Utilizzare la conoscenza, sapere cosa è accaduto nel passato e avere un'attenzione particolare sul presente ci permette di avere una visione d'insieme per focalizzarci sulle migliori strategie in prospettiva di scenari futuri: difendersi, valutare e agire rapidamente è l'unica via per sfruttare gli scenari avversi in modo positivo.

Le molte salite ripide, le discese improvvise e i tratti pianeggianti che, come nel ciclismo, caratterizzano anche il mercato azionario del passato non incidono sul trend futuro.

Guardando indietro nel tempo, la materia finanziaria ha rilevato una crescita costante e continuativa in tutte le tipologie di investimento. Sulla base di questa considerazione è semplicistico immaginare che in futuro la crescita rimarrà identica.

L'imprevedibilità, secondo me, va affrontata attraverso una comprensione del passato avvalendosi di un approccio aperto, saggio e avveduto.

I continui cambi di rotta del mercato attuale, caratterizzato dalle rivoluzioni tecnologiche e da una sempre più massiccia globalizzazione, ci pongono davanti l'evidente inefficacia dei paradigmi imparati nel passato di fronte a nuove crisi – sempre più ravvicinate tra loro – e a nuove rinascite.

Le regole del gioco sono radicalmente cambiate.

5.1 Analisi grafica del passato

Ho pensato di proporre e di commentare alcuni semplici grafici sperando che i dati numerici possano essere di aiuto.

L'analisi dell'andamento del mercato azionario americano rappresenta il *benchmark* di rifermento, in quanto la maggior parte delle crisi e delle espansioni economiche hanno matrice USA.

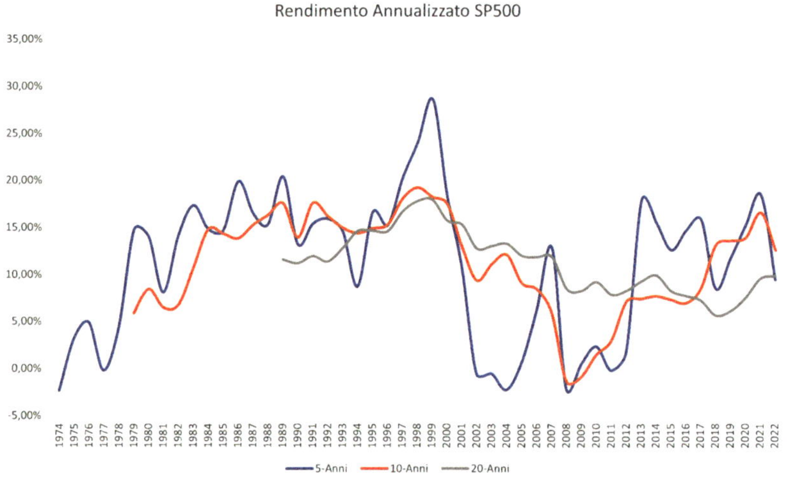

Fonte: rielaborazione ufficio studi Cuniberti & Partners Sim Spa attraverso Python – Rolling: significa calcolare il rendimento a fasce temporali di 5/10/20 anni partendo da una data specifica e terminando dopo il periodo scelto. Ad esempio, se si partisse dal 2000, il calcolo del rendimento terminerebbe nel 2005 per il periodo a 5 anni, nel 2010 per il periodo a 10 anni, nel 2020 per il periodo a 20 anni.

Partiamo da un presupposto ineccepibile: dal 1970 a oggi, nessun investimento di durata ventennale nel mercato azionario rappresentato dall'S&P 500 (il più importante indice azionario americano) ha prodotto un rendimento annualizzato negativo (linea grigia).

Indipendentemente dall'anno di inizio investimento, chi ha tenuto una posizione azionaria per 20 anni ha generato utili.

Nonostante questo, più del 25% degli stessi investimenti azionari, all'interno di un solo anno, ha prodotto rendimenti negativi.

Con un investimento medio di durata ventennale il rendimento medio annualizzato è stato dell'11,25% con un massimo del 17,88% nel periodo fra il 1979 e il 1999 e un minimo del 5,62% nel periodo fra il 1999 e il 2019. Quindi con il 100% di casi positivi.

Se valutiamo periodi d'investimento più brevi, ad esempio di 10 anni, vediamo come il rendimento annualizzato medio sia stato dell'11,27% con un massimo di 19,21% nel periodo fra il 1988 e il 1998 e un rendimento minimo negativo del -1,38% fra il 1998 e il 2008. Quindi abbiamo un 96% di casi positivi e un 4% di casi negativi.

Scendendo a 5 anni il rendimento annualizzato medio scende al 10,99% con un massimo del 28,56% nel periodo fra il 1994 e il 1999 e un rendimento del -2,35% nel periodo fra l'inizio del 1970 e la fine del 1974. In questo orizzonte di breve durata, i casi positivi sono dell'86% e quelli negativi del 14%.

Rendimenti	5 anni rolling	10 anni rolling	20 anni rolling
Valore medio	10,99%	11,27%	11,25%
Valore massimo	28,56%	19,21%	17,88%
Valore minimo	-2,35%	-1,38%	5,62%

Fonte: rielaborazione ufficio studi Cuniberti & Partners Sim Spa attraverso Python su S&P500

Da questi grafici, possiamo dedurre che, in presenza di orizzonti temporali più bassi, c'è un rischio maggiore di momenti negativi sui propri rendimenti.

In seconda analisi, questi grafici evidenziano un dato inconfutabile: il passato ci insegna che i mercati azionari e obbligazionari oscillano costantemente, ma nel lungo periodo tendono a crescere.
Il motivo è rintracciabile nella nascita costante di nuove necessità e nuovi bisogni, i quali, sul lungo raggio, permettono al mercato di superare anche periodi molto negativi e particolarmente complessi, come i già analizzati cigni neri.

In tema di cigni neri e complessità sociopolitiche, è importante sottolineare come questi dati, basati su orizzonti temporali di 20, 10 e 5 anni, possano ulteriormente migliorare se nei periodi di crisi si acquistano azioni e obbligazioni.
Se si aumenta questa tipologia di investimenti, proprio quando il mondo rallenta, è possibile migliorare il rendimento del proprio patrimonio. Anche se sembra un controsenso, investire nei periodi negativi è quasi sempre una buona mossa grazie alle tendenze al rialzo dei mercati negli anni a seguire.
Se il mercato cresce, come i grafici mostrati evidenziano, perché dunque evitare il ripetere di azioni rivelatesi vincenti in passato?

Winston Churchill disse che - «Ciò che caratterizza l'eterno ripetersi della storia è l'assenza di lungimiranza, la riluttanza ad agire quando invece l'azione sarebbe semplice ed efficace, la mancanza di lucidità, la confusione nei consigli profetici, fino al momento in cui non si verifica un'emergenza, e non veniamo scossi dallo spirito di autoconservazione».

Apprezzo molto questa affermazione del grande statista inglese, perché sono convinto che uno dei messaggi principali proveniente dall'analisi del mercato del passato sia proprio questo: l'investitore deve sempre avere un approccio lungimirante.

Pianificare e prepararsi operativamente a tutti gli ipotetici scenari futuri potrebbe apparire inutile.
In realtà, questo approccio agevola di molto la nostra operatività nei momenti di crisi, quando sembra che tutto vada nella direzione contraria e vi è il forte rischio di perdere la lucidità.
Lungimiranza, pianificazione e strategia sono senza dubbio parti di un approccio giusto.

5.2 Le tendenze del periodo storico

In questo momento storico, le forze che hanno guidato la trasformazione globale, in particolare dopo gli anni Novanta, stanno mutando repentinamente la fisionomia mondiale.

Pensiamo a quanto l'utilizzo del cellulare abbia sovvertito la nostra quotidianità, e a come la tecnologia, in generale, ci ponga costantemente dinanzi a nuove sfide.

Il risultato è un universo altamente imprevedibile, che può mutare i propri connotati da un momento all'altro.
Per una gestione protettiva ed efficace di un considerevole patrimonio familiare, bisogna sempre tenere a mente cinque tendenze del mondo attuale, le quali potrebbero rivelarsi improvvisi elementi di imponderabilità, ovvero:

1. **la disparità sociale**, una condizione sempre più accentuata di fonte di instabilità, caratterizzata da fasi in cui il ceto medio si rafforza e diventa più ricco, e fasi in cui si indebolisce e diventa più povero;
2. **le potenze asiatiche** (è innegabile che il loro potere politico e il loro peso economico sia sempre più evidente, soprattutto quando si parla di Cina);
3. **la rivoluzione tecnologica** (e in particolare l'affermazione delle tecnologie legate al "Internet of Things"), la quale oggi incide su molteplici aspetti della società, da quello lavorativo a quello sociale e familiare;
4. **il cambiamento climatico e il consumo energetico** in crescita stanno obbligando le grandi potenze mondiali a trovare nuove risorse e ad attivare una vera e propria transizione energetica per ridurre l'inquinamento (scelte politiche che indirizzeranno inevitabilmente le future scelte economiche, incidendo di conseguenza sui mercati);
5. **l'interdipendenza tra i Paesi**, un elemento dal forte impatto economico. Pensiamo a come un accadimento in una determinata zona del mondo, come lo scoppio della pandemia da Covid-19, possa avere ripercussioni sull'intero sistema economico e sociale mondiale. Immaginando il mondo come uno stagno, se qualche decennio fa avessimo scagliato una pietra al suo interno l'onda avrebbe raggiunto probabilmente una sola sponda, non tutte le altre. Oggi – a causa della crescente interdipendenza tra i Paesi – quella pietra è diventata un macigno e la sua onda, nel bene e nel male, può potenzialmente raggiungere tutte le sponde del nostro stagno.

5.3 Comprendere il futuro attraverso le rivoluzioni in atto

Se è vero, dunque, che non possiamo conoscere a priori gli imprevisti riservati dal futuro, siamo nelle condizioni di analizzare quelle rivoluzioni in atto che ci parlano di ciò che sarà.

Cambiamenti già in itinere influenzeranno i mercati e, di riflesso, le strategie di gestione di ingenti patrimoni.
Un interessante report[2] dell'Unione Europea analizza nel dettaglio tre tematiche estremamente importanti, le quali delineano i connotati delle rivoluzioni in atto.

La **rivoluzione tecnologica** è già in atto e ci accompagnerà ancora per moltissimi anni. Ogni giorno compaiono nuovi strumenti, a disposizione delle masse, in grado di trasformare l'economia e la società. La tecnologia offre continuamente nuove opportunità in termini di aumento del benessere, di produttività e di partecipazione attiva alla vita economica.

Questo scenario positivo, però, nasconde un importante rovescio della medaglia: la tecnologia stimola anche continui cambiamenti sociali, aumenta la disoccupazione e le disuguaglianze e accelera l'impoverimento del ceto medio dei Paesi sviluppati, come quelli europei. L'Italia, che negli anni Ottanta e Novanta ha puntato molto sulla crescita del ceto medio, potrebbe incontrare nel prossimo futuro delle tensioni sociali abbastanza intense.

[2] *Report sulla programmazione digitale decennale 2030*

La **rivoluzione sociale e democratica** è un tema poco affrontato dai mass media, ma in ambito universitario e accademico è dibattuto con estrema attenzione.

L'interconnessione via via più intensa tra realtà economico-politiche, da una parte stimola le persone a diventare più creative, più dinamiche e meno legate a un lavoro che sia lo stesso per tutta la vita, ma dall'altra aumenta le esigenze e il senso critico.

Questo porterà a nuove forme di governance e a svecchiare i contratti sociali, ma contestualmente determinerà maggiori difficoltà nel definire adeguati contratti collettivi e a regolarizzare sindacalmente le nuove posizioni lavorative.

Più flessibilità a discapito della protezione. Non solo: la tendenza a erodere le strutture democratiche, contestando l'ordine costituito alla ricerca di maggiore trasparenza, può diventare un boomerang sociale di enormi dimensioni.

La struttura **geopolitica** che abbiamo conosciuto finora, con il predominio di Stati Uniti ed Europa, sta per essere spazzata via dalla crescita costante di Cina e dei mercati asiatici.

Le previsioni sembrano evidenziare l'emersione di nuove potenze anche in Africa e in America Latina: eventi che trasformeranno il mondo in un ambiente sempre più multipolare, con nuovi attori e valori diversi dagli attuali.
Ovviamente, questi scenari futuri in ambito finanziario non vanno letti solo nella loro accezione negativa: il confronto tra diversi ecosistemi economici e sociali potrebbe portare anche a grandi miglioramenti.

L'unica certezza è che non possiamo ancora saperlo. Lo possiamo però immaginare e tratteggiare, in modo da creare strategie di gestione patrimoniale pronte a sopportare qualsiasi stress economico.

Il mio obiettivo è quello di far riflettere sulla necessità di pianificare una gestione patrimoniale che consideri tutti i possibili scenari futuri, affinché si possa investire in modo corretto e si possa aumentare la consapevolezza col fine ultimo di un miglior futuro per tutta la famiglia.

TAPPE RAGGIUNTE

▶ PRINCIPIO 1

Non è possibile comprendere gli scenari futuri del settore economico, ma è possibile creare strategie in grado di governarli.

▶ PRINCIPIO 2

È vero che il mercato è stato sempre in crescita, ma non possiamo affidarci solamente ai dati del passato per strutturare una corretta strategia patrimoniale per il futuro.

▶ PRINCIPIO 3

Per conoscere il futuro è importante comprendere quali sono le tendenze del mondo economico e le rivoluzioni sociali in atto.

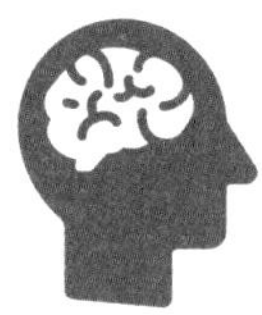

CAPITOLO

06

LE BASI DELL'INTELLIGENZA PATRIMONIALE

Nella mia idea di gestione patrimoniale, la protezione è il vero obiettivo. Questo non significa rinunciare al rischio di investire, ma agire imparando a minimizzare e ridurre il rischio stesso.

Durante le mie escursioni in bicicletta, mi sono spesso avventurato in salite panoramiche che, con il tempo, sono diventate familiari per il mio corpo allenato.

Un giorno, mi sono posto un nuovo obiettivo: attaccare un percorso più lungo, per pendenza e per altimetria. La mia condizione psicofisica mi consentiva di affrontare quella nuova sfida.

Andava tutto bene, fin quando le mie gambe hanno iniziato a irrigidirsi, il mio battito ad alterarsi. Una questione di altezza: più salivo meno ossigeno ricevevo. Ma la mia testardaggine non mi ha fermato. A quota 1.700 metri, il corpo ha iniziato a cedere. Tachicardia, crampi allo stomaco e panico. Dopo quell'incidente, la mia bicicletta è rimasta parcheggiata in garage per ben tre mesi. Avevo perso ogni certezza di fronte a quell'enorme difficoltà.

Anche in finanza, una valutazione errata del rischio può incidere sulla gestione del patrimonio. I cigni neri sono sempre in agguato.

Con la crisi del 2008, il settore immobiliare andò in caduta libera. Molte persone si accorsero di aver perso i loro soldi e, con essi, le certezze sulla solidità del mattone. Il risultato fu un atteggiamento ansioso nei confronti della finanza. La conseguenza più diffusa fu l'**immobilismo**.

6.1 Il Metodo Barbell rivisitato

Il mio metodo di Intelligenza Patrimoniale prende a esempio il **metodo** (o la strategia) **Barbell**. Ideato da **Nassim Taleb**, analizza i cigni neri e sostiene la tesi dell'antifragilità.
Taleb utilizza la metafora del bilanciere per spiegare il suo metodo.

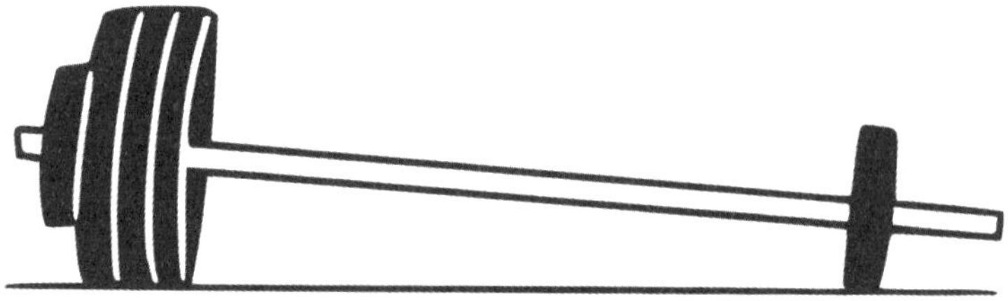

Immaginiamo il nostro portafoglio come un bilanciere (*barbell* in inglese), con i due pesi all'esterno e la barra centrale.
Le due estremità rappresentano le categorie di investimento: a basso rischio e ad alto rischio.
Al centro, sono presenti tutti gli investimenti a medio rischio, da non prendere in considerazione perché in caso di cigno nero possono subire enormi variazioni.
In questi casi, un errore di stima sul rischio potrebbe avere conseguenze devastanti sul patrimonio perché, come sottolinea il matematico libanese, *"i rischi medi possono essere soggetti a enormi errori di misurazione/valutazione"*.
Per questo, investire in medio rischio dà soltanto l'illusione di una sicurezza, ma in realtà la vulnerabilità è altissima in caso di evento improvviso, non potendo contare su una eventuale compensazione degli altri guadagni derivanti da investimenti ad alto rischio.

Se ponessimo lo stesso numero di investimenti alle due estremità non ci sarebbe equilibrio, perché gli investimenti ad alto rischio pesano di più in termini di oscillazioni e serenità familiare.

Barbell suggerisce di destinare dal 70% al 90% del patrimonio in asset a basso rischio, il resto in asset ad alto rischio.

Considerazioni e percentuali non sono immutabili, ma ogni situazione va attentamente valutata a seconda delle caratteristiche di chi detiene il patrimonio, dei redditi annuali e delle necessità. Una visione sistemica permette di prendere una giusta decisione.

Come abbiamo visto, in questo periodo storico, l'asset class più redditizia è l'azionario, mentre quella con rischi minori è la liquidità.

L'obbligazionario appartiene agli investimenti a medio rischio perché, pur avendo il capitale garantito (salvo fallimento dell'emittente) ha un rendimento che varia a seconda della scadenza ma è statisticamente inferiore all'azionario nel lungo periodo.

Gli investimenti nell'economia reale (immobiliare, venture capital e private equity) sono frutto di valutazioni complesse sia in tema di diversificazione che di liquidabilità e, quindi, necessitano di valutazioni personali. In generale, possono rappresentare un'opportunità, così come una minaccia.

Il giusto equilibrio nel bilanciere verrà quindi creato da **investimenti azionari** e **liquidità**.

In base al metodo Barbell sarebbe impensabile investire gran parte del patrimonio nell'azionario, perché i rischi di **drawdown**[3] sarebbero enormi, con picchi che potrebbero raggiungere anche il 60%, dando vita a un disequilibrio del bilanciere.

Verrà in mio aiuto la **campana Gaussiana**, una complicata nozione statistica utilizzata in diversi ambiti scientifici. In linea generale, essa rappresenta la distribuzione normale di una determinata variabile. Ogni variabile, secondo Gauss, si distribuisce in base alla "distribuzione normale", graficamente presentata in questa immagine.

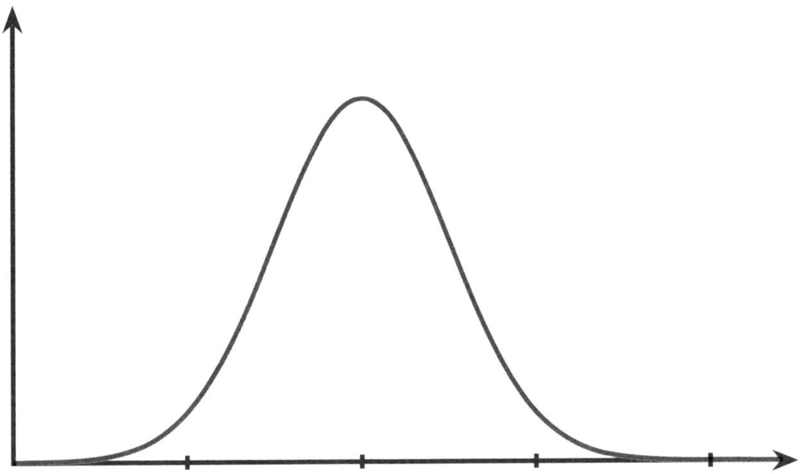

Campana Gaussiana distribuzione normale

La campana della variabile "altezza" degli alunni nella classe di mia figlia, per esempio, vedrà nel centro della curva le altezze della maggior parte degli alunni della classe, mentre a sinistra e a destra quelle riferite agli alunni più bassi e più alti, che saranno in numero inferiore.

[3] *In termini finanziari si definisce drawdown il passaggio di un prezzo da un massimo a un minimo all'interno di un intervallo di tempo definito.*

Prendiamo in esame una generica asset class (come la abbiamo definita nel capitolo 4). Nell'immagine qui sotto vediamo come all'interno della campana Gaussiana il punto più alto rappresenti la media andamentale della variabile (M), mentre le due aree più basse identifichino gli eventi altamente improbabili che possono capitare, sia estremamente negativi (cigni neri) sia estremamente positivi (cigni bianchi).

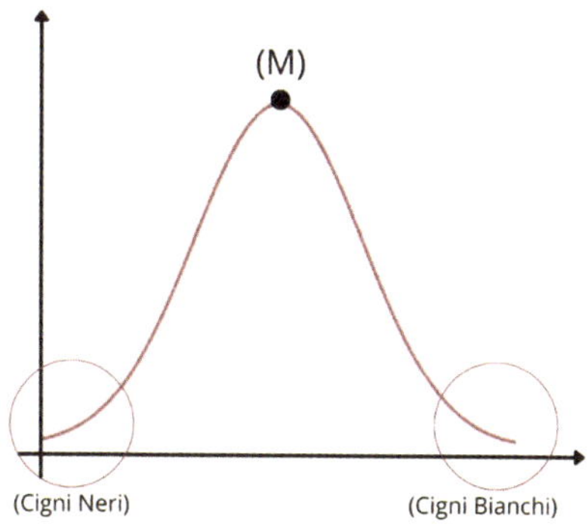

Grafico della distribuzione normale con gli eventi rari dei Cigni Neri e Cigni Bianchi

Nell'immagine seguente è possibile osservare (in verde) quella che può essere la rappresentazione dell'andamento del portafoglio, in base alla variabile considerata.

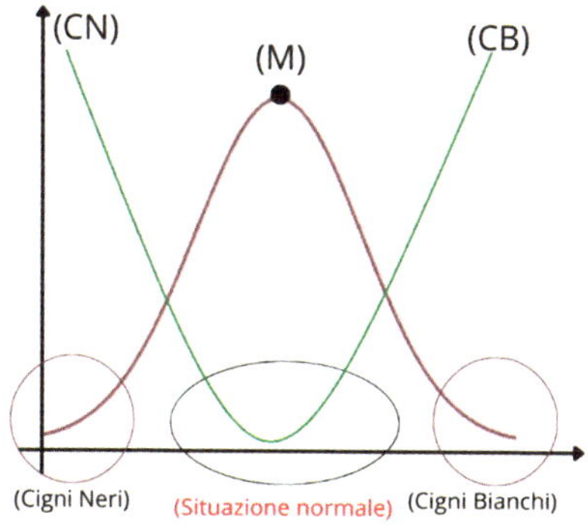

Grafico della distribuzione normale con gli eventi rari dei Cigni Neri e Cigni Bianchi e le conseguenze potenziali sulle variazioni % dei rendimenti del portafoglio.

Se il trend di mercato proseguirà come previsto, nel portafoglio persisterà una situazione di normalità. Al contrario, se si palesassero un cigno nero o bianco le conseguenze sarebbero evidenti. Il grafico ci aiuta a comprendere quanto gli effetti sul portafoglio siano determinati da pochi e sporadici eventi.

Adottare una **visione sistemica** e una **strategia di protezione** permette di sentirsi meno impreparati.
Se prima della mia avventura tachicardica in bicicletta avessi riflettuto e analizzato i rischi, sarei stato pronto ad affrontare il cigno nero, l'imprevisto.

Negli ultimi vent'anni, l'universo finanziario è stato colpito da almeno cinque grossi cigni neri: la crisi del 2008, la crisi del 2011, il default greco del 2015, il Covid nel 2020 e la guerra in Ucraina del 2022. Questi cinque eventi hanno determinato delle variazioni di mercato in grado di incidere significativamente sui portafogli degli investitori.

Bisogna sempre tenere a mente che, nel lungo periodo, il mercato azionario globale sale sempre.
Questo perché c'è un tasso implicito di crescita globale che dipende da nuove risorse e prospettive: basti pensare alla rivoluzione tecnologica. Inoltre, i principali indici azionari hanno intrinsecamente una selezione naturale dei titoli che li compongono: ovvero i titoli che entrano nei panieri principali nella fase di revisione derivano da una crescita principalmente di capitalizzazione a scapito di altre azioni che invece decrescono, uscendo così dal paniere.

Non è certamente una crescita costante, ma un'ascesa fatta di onde, flessioni, impennate, cadute e risalite.

È per questo che il mio consiglio è quello di non osservare mai il mercato nel momento, ma nel complesso.
Immaginiamo di avere un patrimonio di dieci milioni di euro da proteggere e investire.
Nelle analisi precedenti ho identificato in azioni e liquidità le asset class da inserire sulle due estremità del tuo bilanciere.

Con quale percentuale distribuirle per avere un giusto equilibrio?
Come gestire la ricchezza?

Innanzitutto, con una bassa esposizione sul mercato azionario, supponiamo il 25%.
Per proteggere il capitale, il 75% lo manteniamo in liquidità o, nel caso in cui i rendimenti lo consentano, anche in obbligazioni.
Naturalmente, la quota del 25% non è intoccabile: potremo sempre incrementarla in futuro, a patto che siano del tutto terminati gli effetti di un eventuale cigno nero.

Consapevoli che il mercato azionario sul lungo periodo è sempre in salita, sappiamo che nei periodi peggiori bisogna avvantaggiarsi e comprare.

Poniamo di aver perso la metà del 25%, rimanendo con una quota del 12,5% investita in azioni.
Appena i trend di mercato inizieranno a risalire (e lo faranno), sarà il momento giusto per investire un ulteriore 25%.

Così, quando la curva ritornerà al punto di partenza, l'iniziale 25% di investimento sarà tornato ai suoi livelli precrisi, segnando un delta di variazione pari a 0.

Il secondo 25%, che prima della crisi avevamo mantenuto in liquidità, avrà registrato invece un +100% (tra l'altro con un grado di rischio molto più basso, se si saranno acquistate solo azioni di aziende di valore che, con i cigni neri, vengono fortemente sottovalutate).

Strategia Barbell

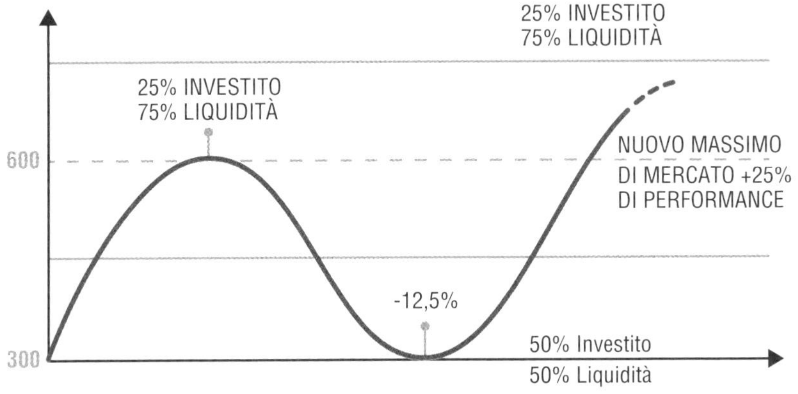

RAPPORTO RENDIMENTO SU > 2
+100% DI MERCATO

Così facendo, il cigno nero sarebbe superato con un +25%, investendo la metà del patrimonio.

In questo esempio, ho voluto semplificare alcuni concetti, ma non dobbiamo dimenticare che esiste una serie di tecniche di diversificazione strategica peculiari che qui non saranno analizzate. Ritornati al punto di partenza, è consigliato liquidare il 25% inziale, trasformato in 50% per consolidare gli utili e tornare all'allocazione 25% azionario e 75% obbligazionario, aspettando così la prossima crisi.

6.2 L' immobilismo finanziario è pericoloso.

Lasciar fermo il proprio denaro non è mai una soluzione redditizia. Tutti conosciamo il concetto di **inflazione**, il costante aumento dei prezzi che determina la riduzione del potere di acquisto della moneta. Quando l'inflazione cresce, il valore reale di tutte le grandezze monetarie diminuisce. La crescita inflazionaria è costante, perché la base monetaria è sempre in aumento (tutte le Banche Centrali stampano continuamente nuova moneta) ma lo è anche la popolazione.

Questo significa che mantenere la liquidità ferma per un certo periodo porta con buona probabilità a impoverirsi.
Come abbiamo visto, qualsiasi sia la scelta sull'allocazione del patrimonio, si corrono sempre dei rischi impliciti.
Quando si preferisce lasciare i soldi sul conto corrente si rischia che l'istituto fallisca, se si opta per l'investimento in borsa - azionario o obbligazionario, è indifferente - si rischia che il mercato scenda, e se la scelta ricade sull'acquisto di beni reali si rischia che il valore possa ridursi.

In sostanza, non esiste nessun investimento a capitale garantito: qualsiasi entità può fallire da un momento all'altro, nazioni comprese. Il rischio c'è sempre, l'importante è imparare a gestirlo con un approccio ordinato e strategico.

Un altro aspetto dell'immobilismo riguarda l'affidarsi ciecamente a consulenti o istituti di credito che gestiscono il patrimonio senza una verifica condivisa nei momenti critici.

Molti clienti, che incontro per la prima volta, rispondono alle mie domande con un vago *"Non saprei: tutta la mia gestione patrimoniale è in mano al consulente/istituto X"*.

Quando cerco di approfondire un po', chiedendo loro quale strategia stia attuando il loro consulente e quali risultati stia ottenendo, non sanno proprio cosa rispondermi.
Ciò che manca loro è quella cultura patrimoniale che li renderebbe più consapevoli delle proprie azioni (o almeno di quelle del loro consulente).

Come in un gioco da tavolo, anche nella finanza ci sono delle regole da osservare e delle strategie da mettere in atto per riuscire a vincere. Il sistema a cui apparteniamo, e sul quale gira l'intera economia mondiale, ha dei precetti da rispettare e il principale è la necessità di adattarsi costantemente al cambiamento.
Restare fermi non è possibile, oltre a non essere redditizio. Uno dei concetti più importanti da ricordare riguarda la differenza tra **risparmiatore** e **investitore**: il risparmiatore passa tutto il suo tempo ad analizzare, valutare e prendere decisioni in base a precise risultanze statistiche, l'investitore ha in testa una chiara strategia, che resta la stessa sia davanti a eventi positivi che davanti a eventi negativi. Strategia è la parola d'ordine dell'investitore, perché grazie a essa sa sempre come affrontare il mercato, in qualsiasi situazione.

Mentre il risparmiatore ha un atteggiamento passivo e rinuncia a una parte di consumo per focalizzarsi sull'accumulo, l'investitore va oltre: difende il suo patrimonio e lo fa crescere protetto in base alle sue esigenze di vita.
Creare una strategia è la strada per diventare antifragile.

6.3 L'antifragilità

L'antifragilità è un altro concetto estrapolato dalla teoria di Taleb e va oltre l'ormai sdoganata idea di resilienza.
Se quest'ultima rappresenta la capacità di affrontare le difficoltà con piglio positivo e costruttivo, l'antifragilità descrive l'attitudine di un sistema ad adattarsi al cambiamento, modificando i propri connotati quando si verificano stress esterni, in modo da migliorarsi costantemente.

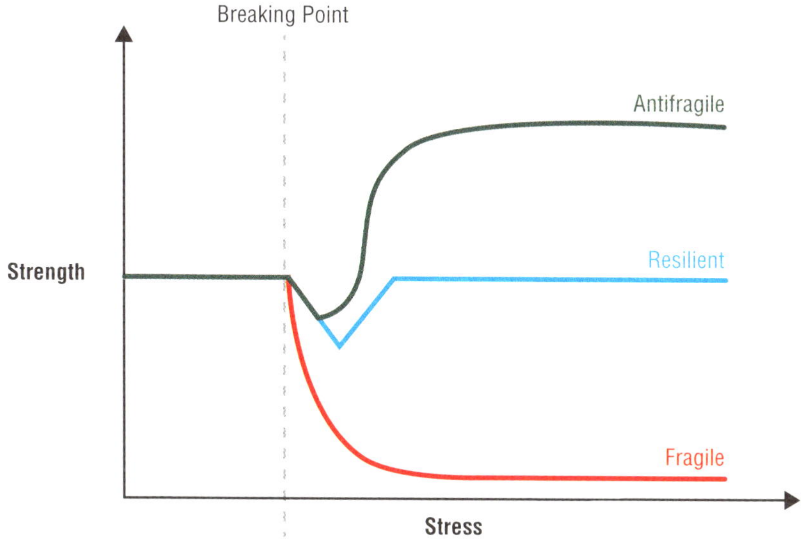

Grafico del portafoglio antifragile.

Qualche tempo fa ho deciso di partecipare con un gruppo di amici a una gara ciclistica amatoriale nel Monferrato. Un tracciato tosto, fatto di piccoli saliscendi con dei muri da scalare molto ripidi.

Mi sentivo in piena forma: alla partenza ero carico, convinto che avrei fatto un'ottima prestazione.

CAPITOLO 6

La giornata era bella e il meteo dava sole, ma appena sono uscito di casa ha iniziato a soffiare un vento forte da sud, portando qualche nube all'orizzonte.
Mi è subito tornato in mente ciò che ripeteva sempre mio nonno quando, da piccolo, gli annunciavo che sarei uscito in bicicletta: *"A Calliano non piove mai, ma occhio ai venti da sud, soprattutto se stai fuori tanto!".*

Ho deciso così di montare le gomme da pioggia sulla mia bici da corsa, in modo da avere più stabilità in caso di improvvisi rovesci.
I primi chilometri li ho affrontati con ritmo blando, rilassandomi e godendomi la gara. Alle prime salite e discese, il vento è aumentato, alcune nuvole si avvicinavano minacciose.
Al termine della salita di Crea, ha iniziato a piovere. Ero nella pancia del gruppo, al primo tornante, colpa della strada sdrucciolevole, mi sono ritrovato nel mezzo di una caduta generale.

Grazie alla tenuta delle gomme che avevo scelto sono riuscito a non scivolare, acquistando un vantaggio che mi ha permesso di arrivare al traguardo tra i primi. In quell'occasione, ho dimostrato di essere a tutti gli effetti antifragile: scegliendo lo strumento più adatto per affrontare l'eventuale rischio, ho trasformato la difficoltà in punto di forza.

Per riportare un esempio antifragile in finanza, ricordo sempre la vicenda che ha visto protagonista una ricca famiglia delle mie zone, con un patrimonio da gestire di circa 30 milioni di euro.

Completamente esposto sull'immobiliare (alcuni immobili valevano anche più di cinque milioni di euro), dato che il mattone era considerato un investimento sicuro.

Una strategia decisamente non antifragile, come hanno dimostrato i fatti: con la già citata crisi del 2008, la famiglia si è ritrovata di punto in bianco in difficoltà.
Non potendo rivendere le proprietà ai prezzi precedenti, ha dovuto affrontare una grave crisi di liquidità e non ha potuto nemmeno godere del supporto delle banche, poiché non accettavano più immobili come garanzia.

Nessuno avrebbe potuto prevedere quel cigno nero e la famiglia non aveva mai pensato a una strategia per affrontarlo.

Le perdite in conto capitale sono state ingenti e molti dei loro progetti sono falliti, ma per fortuna la famiglia non è finita sul lastrico.

Se fosse stata antifragile, però, le cose sarebbero andate molto diversamente e la loro storia avrebbe avuto un finale molto più lieto.

TAPPE RAGGIUNTE

▶ PRINCIPIO 1

Per una gestione patrimoniale serena, la gestione del rischio è il punto di partenza.

▶ PRINCIPIO 2

Il metodo Barbell è una strada stabile per investire il proprio patrimonio e affrontare gli imprevisti.

▶ PRINCIPIO 3

L'immobilismo finanziario non è una strategia vincente.

▶ PRINCIPIO 4

Essere antifragili significa avere una strategia che permetta di adattarsi al cambiamento e trarne dei vantaggi.

CAPITOLO

07

LA STRUTTURA

Ricorrerò ancora una volta al mondo del ciclismo, in particolare a quello delle grandi corse a tappe. Tre sono i grandi Giri che, tra maggio e settembre, gli appassionati seguono: il Giro d'Italia, il Tour de France, la Vuelta de España. Ogni competizione ha regole e perimetri normativi differenti. Il colore della maglia è senz'altro la diversità più evidente: l'iconica maglia rosa, la storica maglia gialla e la maglia rossa del giro spagnolo.

Così come i partecipanti di ogni Giro devono conoscere regole e percorso, anche chi decide di investire il proprio patrimonio deve conoscere norme e contesto che governano economia e finanza.
La **struttura** è l'insieme di norme giuridico-legali, di forme e di tipologie contrattuali attraverso le quali banche e intermediatori offrono i propri servizi di investimento.
In Italia, la struttura normativa è contenuta all'interno del Testo Unico Finanziario (TUF), la principale fonte italiana del diritto dei mercati finanziari, in vigore dal 1° luglio 1998.

7.1 I servizi d'investimento

Il TUF disciplina nel dettaglio i seguenti aspetti: tipologie di servizi di investimento, chi sono gli operatori che possono agire nel mercato, le modalità con le quali gli intermediari offrono i servizi.
Sono sette le tipologie di servizi di investimento attivabili[4]:

1. **esecuzioni di ordini per conto dei clienti** (ovvero l'acquisto e la vendita di titoli per conto del cliente);

[4] *Fonte: https://www.consob.it/web/investor-education/i-servizi-di-investimento*

2. **negoziazione per conto proprio** (ovvero l'acquisto dal cliente o la vendita al cliente di titoli di proprietà dell'intermediario);
3. **gestione di sistemi multilaterali di negoziazione** che, in base a regole predeterminate, consentono di fare incontrare proposte di acquisto e vendita provenienti da una pluralità di operatori;
4. **ricezione e trasmissione di ordini** (l'intermediario riceve dal cliente un ordine di acquisto o di vendita di titoli e lo trasmette a un altro intermediario per l'esecuzione);
5. **sottoscrizione e/o collocamento** (ovvero la distribuzione di strumenti finanziari nell'ambito di un'offerta al pubblico standardizzata, sulla base di un accordo con l'emittente);
6. **gestione di portafogli** (ovvero la gestione di un patrimonio da parte dell'intermediario, che lo investe in strumenti finanziari);
7. **consulenza in materia di investimenti** (ovvero la fornitura di consigli e raccomandazioni personalizzate e adatte al cliente circa una o più operazioni relative a uno strumento finanziario).

7.2 Gli intermediari finanziari

I servizi suddetti possono essere prestati soltanto da intermediari abilitati, quali:

- **S.I.M.** (società di intermediazione mobiliare)
Autorizzate dalla Consob possono potenzialmente abilitarsi a fornire tutti e sette i servizi di investimento.

- **S.C.F.** (società di consulenza finanziaria)
Autorizzate a svolgere la consulenza in materia di investimenti senza detenere fondi o titoli. Il presupposto della loro attività è la regolare iscrizione all'albo professionale OCF (L'Organismo di vigilanza e tenuta dell'albo unico dei Consulenti Finanziari), che prevede il possesso di precisi requisiti.

- **Banche**
È la Banca d'Italia ad autorizzarle. Sono abilitate a offrire tutti i servizi di investimento. Nell'ordinamento italiano, l'attività bancaria è definita come l'esercizio congiunto dell'attività di raccolta di risparmio tra il pubblico e l'attività di concessione del credito[5]. La raccolta del risparmio presso il pubblico è prerogativa delle banche e viene definita come acquisizione di fondi con l'obbligo di rimborso, sia sotto forma di depositi sia sotto altra forma.

- **S.G.R.** (società di gestione del risparmio)
Ricevono l'autorizzazione dalla Banca d'Italia e sono abilitate a fornire i seguenti servizi di investimento: gestione di portafogli, consulenza in materia di investimenti e sottoscrizione e/o collocamento.

- **Banche e imprese di investimento dei Paesi comunitari**
Banche e imprese di investimento con sede all'interno di Paesi comunitari possono offrire i loro servizi di investimento anche in Italia tramite succursale.

[5] *Art. 10 del Testo unico bancario, d.lgs. 1° settembre 1993, n. 385 e successive modificazioni e integrazioni*

La Consob specifica i principi e le regole di condotta alle quali gli intermediari devono sottostare, con il fine ultimo di favorire i propri clienti nell'esecuzione di scelte di investimento informate e consapevoli, in linea con le loro reali esigenze.
Le SCF sono invece vigilate dall'OCF (Organismo di vigilanza e tenuta dell'albo unico dei Consulenti Finanziari) che è lo stesso che vigila i singoli consulenti finanziari.
Diligenza, correttezza e trasparenza sono tre termini fondamentali, che la stessa divulga, per circoscrivere le modalità operative degli intermediari.

7.3 Le esigenze del cliente e l'investimento diretto o indiretto

Come assicurarsi che ciò avvenga?
È utile approfondire le norme esplicate nella MiFID 2 – la Direttiva europea relativa ai mercati degli strumenti finanziari e approvata il 15 maggio 2014 – la quale introduce due aspetti fondamentali per gli intermediari di investimento: l'**adeguatezza**, ovvero che ogni investimento deve essere corrispondente agli obiettivi del cliente in materia finanziaria e deve essere prevista sia per i servizi di gestione del portafoglio sia per quelli di consulenza in materia di investimenti.
L'**appropriatezza**: una caratteristica che permea tutti i servizi di investimento e sottolinea la capacità dell'intermediario nel valutare, in base a esperienza e conoscenza propria del cliente, la comprensione dei rischi relativa a ciascun investimento.
La MiFID 2 ha introdotto l'obbligo di compilazione del profilo finanziario del cliente, attraverso il quale l'intermediario è tenuto a verificare obiettivi, conoscenze e capacità valutative del rischio. Questo è

un *modus operandi* necessario nel mondo degli investimenti che va approfondito in maniera accurata e dettagliata.

Per introdurre le diverse tipologie contrattuali, occorre subito fare una distinzione tra **investimento diretto** e **investimento intermediario**. Nel primo caso, il cliente compra direttamente e in totale autonomia azioni, obbligazioni o asset reali. L'esempio classico è l'apertura di un conto corrente presso un intermediario e il conseguente aggancio di un dossier titoli sul quale il cliente agisce in maniera indipendente. Nel secondo caso, la presenza di un intermediario si frappone tra mercato e cliente.

Ecco nel dettaglio le principali tipologie contrattuali:

- **I fondi** sono veri e propri contenitori all'interno dei quali una pluralità di sottoscrittori investe il proprio capitale. La proprietà del capitale resta in capo all'investitore, mentre quella del fondo resta della pluralità degli investitori, a seconda della percentuale investita. L'intero capitale viene poi affidato a un intermediario (di solito una S.G.R.) che svolge il servizio di gestione del portafoglio. Spesso, le grandi banche hanno divisioni interne che si occupano di ciò.
- **I fondi di fondi**, ovvero fondi che investono il patrimonio raccolto in quote di altri fondi e non in asset finanziari.
- **Le polizze** disciplinate dal Codice civile. In esse si identificano più soggetti: il contraente, ovvero il proprietario dell'investimento), l'assicurato, ossia il soggetto sul quale è stipulata la polizza, e i beneficiari del capitale, coloro i quali al presentarsi di determinate condizioni, viene erogato il capitale. Possiamo trovare **polizze a ramo primo**, basate sulla Gestione Separata e sotto-

scritte con l'obiettivo di accantonare e investire i propri risparmi in ottica di serenità futura, e **polizze a ramo terzo**, nelle quali rientrano due sottocategorie: le **Unit Linked** (nelle quali il rendimento è legato all'andamento dei fondi interni nei quali sono investiti i premi) e le Index Linked (nelle quali il capitale è garantito e a esso si somma una cedola con andamento legato a un indice sottostante).

- **I fondi pensione**, disciplinati dal ramo sesto del Codice civile. Sono per loro natura impignorabili e insequestrabili ma hanno dei limiti che possono rivelarsi determinanti. Questa tipologia di fondi risponde a una normativa ad hoc che prevede la possibilità di portare annualmente in deduzione l'investimento per una quota massimale di 5.164,57 euro. A fronte di questo vantaggio fiscale, vi è la limitazione sull'utilizzo del capitale: usufruibile solo al raggiungimento dell'età pensionabile, completamente in rendita o suddiviso al 50% in forma di capitale e al 50% in rendita. Solo in caso di gravi malattie (75%), ristrutturazione prima casa (75%) e altre spese non identificate (30%) è possibile richiedere una percentuale anticipata del capitale accantonato nel fondo pensione. La tassazione sul riscatto anticipato è soggetta a calcoli differenti: la ritenuta sulla somma anticipata varia caso per caso: è del 23% per l'acquisto e la ristrutturazione della prima casa o per esigenze personali generiche, mentre scende al 15% per le spese sanitarie: con 15 anni di anzianità, si riduce al 9% e scende ulteriormente dello 0,3% per ogni anno di contribuzione aggiuntiva.
- **I PIR** (Piani Individuali di Risparmio), ovvero piani di investimento a medio/lungo termine che garantiscono pochi vantaggi al momento dell'investimento, ma che sono soggetti ad agevolazioni

fiscali specifiche successivamente. Ad esempio, dopo cinque anni, possono essere ritirati senza pagare il Capital Gain (ad oggi il 26% sul potenziale guadagno che si realizzerà).

- A queste tipologie, possiamo aggiungere svariati strumenti come i **private forms**, forme contrattuali personalizzate per clienti specifici, oppure i **fondi costituiti *ad hoc*** per la gestione di ingenti patrimoni familiari, o ancora le **polizze di private insurance**, contratti personalizzati offerti da determinate compagnie assicurative.

All'interno di un così vasto panorama di scelte, la via più sicura è affidarsi a un **consulente** in grado di tradurre esigenze personali e rischi potenziali. Si tratta di un approccio sistemico e integrato che caratterizza quotidianamente il mio credo lavorativo. Analizzando le singole possibilità e le variabili personali è possibile trovare una struttura corretta.

Ipotizziamo di avere un patrimonio di 2.500.000 euro e l'esigenza di protezione dall'imposta di successione. L'asse ereditario della famiglia comprende una moglie e due figli quindi, secondo la legge, la franchigia sull'eredità arriva a tre milioni di euro (un milione di euro per ogni erede). Con questa prospettiva non c'è nessun rischio di eccedenza. La sottoscrizione di una polizza, quindi, sarebbe solo una spesa insensata.

Potrei continuare all'infinito con valutazioni ipotetiche per evidenziare come non esista, in assoluto, una struttura migliore di altre.

La valutazione parte sempre da domande mirate: quali sono le reali esigenze? Stabilendo quale sia la migliore struttura da adottare e conoscendo gli obiettivi da raggiungere, attraverso l'investimento del patrimonio, troveremo la strada per rendere qualitativamente migliore la vita ed il futuro di tutta la famiglia.

TAPPE RAGGIUNTE

▶ PRINCIPIO 1

Prima di investire è necessario delineare la personale struttura, capire quali sono le norme giuridico-legali da seguire e comprendere quale sia la migliore tipologia contrattuale.

▶ PRINCIPIO 2

Le tipologie contrattuali esistenti sono innumerevoli: valutare solo quelle che sono in linea con le specifiche esigenze personali.

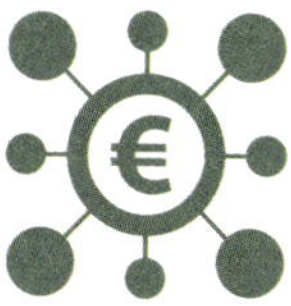

CAPITOLO

08

IL CONTENUTO E LA STRATEGIA

Il contesto economico e giuridico, unito alle esigenze familiari, va a delineare la complessità nella gestione, che può variare da un semplice dossier amministrato legato a un conto corrente fino alla creazione di un fondo personalizzato.
Per definire il contenuto bisogna invece determinare le esigenze di investimento: valutare se vi è la necessità di un flusso costante di capitale, se ci si vuole concentrare unicamente sul rendimento oppure se l'unico obiettivo è ridurre al minimo il rischio di mercato.

Ecco i quattro asset di investimento legati al contenuto e all'universo investibile:

- **Beni reali**, ovvero quei beni "tangibili" tra cui rientrano per esempio le materie prime e i beni legati al settore energetico, al settore immobiliare e al settore dei servizi di pubblica utilità.
- **Azioni**, ovvero quote di partecipazione al capitale sociale di una determinata azienda.
- **Obbligazioni**, in questo caso l'investimento consiste in un prestito, che può essere verso lo Stato o verso una grossa corporate; il sottoscrittore viene remunerato in base a un tasso di interesse inerente al prestito.
- **Liquidità**, mantenere i soldi liquidi, tecnicamente, significa non investire.

Analizzando il contenuto, ovvero le strategie di investimento possibili, bisogna tener presente che non si può ingannare il sistema.
Cosa vuol dire questo? Che dietro a ogni beneficio si affaccia sempre un possibile rischio e per ottenere i risultati sperati occorre una corretta valutazione della struttura abbinando ad essa il contenuto più idoneo.

8.1 Le basi dell'analisi del rischio

È interessante analizzare i rischi che le asset class possono nascondere, a partire dall'investimento nel mondo dei beni reali.

Ipotizziamo un acquisto, nel 2010, di numerosi immobili a Torino che dopo 12 anni sono svalutati di un 10% o sono rimasti stabili, generando onerose tasse di proprietà. Ipotizziamo anche che gli affitti non siano cresciuti in modo proporzionale.

Ecco: acquistando quegli stessi immobili in quella stessa data ma in Lussemburgo o nel Principato di Monaco, ci sarebbe stata una rivalutazione di più del 100 %.

Nel mondo degli asset reali il rendimento è legato anche a un accrescimento del prezzo del sottostante. In particolare, il valore degli immobili in Italia è sempre andato di pari passo all'aumento dell'inflazione. Finché nel nostro Paese c'è stato un forte aumento dei prezzi, gli immobili hanno incrementato il loro valore. Ancor di più con l'ingresso nell'euro, che ci ha restituito una valuta molto forte.

Con la stabilizzazione dell'inflazione, fino a inizio 2022, gli immobili hanno fortemente frenato la loro crescita in termini di stima economica. In Lussemburgo e nel Principato di Monaco, prima menzionati, è successo l'esatto opposto.

Nell'economia italiana, in uno scenario di decrescita dell'inflazione, i rischi intrinseci all'investimento immobiliare si sono manifestati in modo evidente.

Ogni contesto, quindi, presenta potenzialità e incertezze che vanno studiate e monitorate costantemente.
La ripresa dell'inflazione globale nel 2022 ha nuovamente cambiato lo scenario che, unito a una crescita dei prezzi delle ristrutturazioni abitative, ha creato piccole bolle speculative in alcune zone lussuose mentre in altre aree sono aumentate le difficoltà soprattutto per l'aumento del costo del debito.

Parlando invece del mondo azionario, il rischio appurato è quello che l'azienda in cui si è investito fallisca e dunque l'investitore perda il capitale. Ma allo stesso modo non si possono non considerare gli enormi benefici di un investimento in società solide e in crescita: chi ha investito in Amazon 20 anni fa o in Apple 15 anni fa, oggi gode di performance strabilianti.

Il mondo delle obbligazioni nasconde insidie simili.
Ci sono Paesi che hanno alti rendimenti ma nascondono molti rischi, come la Turchia. Nel 2017/2018 un titolo obbligazionario in lire turche garantiva un tasso di interesse del 12,50%. Insieme al guadagno, però, erano alti anche i rischi.

Di solito, quando una valuta offre un interesse particolarmente elevato, tende a svalutarsi nel tempo. Si tratta della condizione di "parità coperta dei tassi di interesse", una complicata legge finanziaria per cui tutti gli Stati, per evitare concorrenza sleale, tendono ad avere lo stesso rendimento reale sul lungo periodo.
Secondo questa condizione, se in 10 anni il Bund tedesco rende indicativamente l'1% e un'obbligazione in lira turca circa il 125%, è molto probabile che si svaluti nel lungo periodo dello stesso valore delle cedole incassate.

Per quanto riguarda i rischi della liquidità non ci si espone a nessun rischio di mercato.
Il mercato scende del 50%? Il capitale resta intatto.
L'oro perde il 40%? Le obbligazioni turche si svalutano del 70%? Stessa cosa.
Questo è senza dubbio il beneficio legato al non-investimento.
I rischi però sono legati all'aumento dei prezzi.
La liquidità può essere erosa dall'inflazione, perdendo potere d'acquisto.

8.2 La strategia d'investimento

Come impostare dunque la strategia di investimento se in ogni "asset class" si nascondono dei rischi?

Ipotizziamo di dover gestire un patrimonio familiare con l'obiettivo di massimizzare il rendimento senza erodere il capitale e mantenendo un orizzonte temporale di durata triennale.
Qual è l'asset class più intelligente da utilizzare?
Poniamo in analisi tre aspetti, immaginando un contesto con inflazione in crescita:

a) Considerando che, quando l'inflazione cresce, parallelamente salgono i tassi d'interesse, l'asset delle obbligazioni a tasso fisso è da evitare.

b) L'inflazione in crescita potrebbe essere un buon auspicio per investire negli asset reali. Avendo però un orizzonte temporale limitato pensare di liquidare degli asset reali, come un immobile, in un tempo così breve è difficile. Inoltre, l'aumento dell'inflazione consente di investire in asset reali solo quando l'inflazione stessa si regge ad alti livelli per un lungo periodo, una decrescita improvvisa potrebbe incidere sul valore dell'asset stesso. Dunque, anche gli asset reali sono da escludere.

c) L'azionario sarebbe una scelta sensata avendo più tempo a disposizione, ma non si può investire tutto il capitale in azioni con un orizzonte temporale così breve.

L'esempio ha un orizzonte temporale limitato (tre anni) perché spesso le persone vogliono realizzare rendimenti in un lasso di tempo ristretto. Una strategia di questo tipo, che abbini un periodo breve alla massimizzazione dei rendimenti, non è facilmente applicabile, se non per specifiche condizioni aziendali o familiari che lo impongano.

Quando un cliente ha una richiesta simile, il quesito che mi pongo è: "Quale struttura di pensiero lo ha portato a valutare un orizzonte molto ristretto con un'esigenza di rendimento molto elevata?".

Supponendo che questa esigenza esista e sia documentata, in questo caso devo comporre un portafoglio che preveda una piccola quantità di azioni e il resto del capitale mantenuto in liquidità, in modo da poter sfruttare la cosiddetta volatilità del mercato. Si torna dunque agli insegnamenti di Taleb e alla struttura del metodo Barbell, di cui abbiamo già ampiamente discusso nel capitolo 5.

8.3 La diversificazione

Il concetto di base dell'Intelligenza Patrimoniale è quello di preferire una diversificazione strategica rispetto a una diversificazione di prodotto, abbinando un approccio discrezionale a un approccio matematico-quantitativo e mantenendo sempre un occhio attento alla gestione della liquidità.

La nuova fase di mercato ha connotati diversi rispetto alle precedenti: prevede cicli economici in cui tutte le principali asset class (azioni, obbligazioni, materie prime) salgano o scendano contemporaneamente. Sempre più raramente si verificano situazioni in cui determinate asset class hanno una correlazione inversa rispetto all'azionario o agli investimenti più rischiosi.

Negli Stati Uniti è molto popolare il cosiddetto *all weather portfolio*, ovvero il portafoglio adatto a tutte le stagioni.
La fase iniziale di questa strategia prevede di inserire in portafoglio cinque posizioni su diverse asset class: azioni, obbligazioni a breve scadenza, obbligazioni a lunga scadenza, materie prime e oro.

Purtroppo, però, la sola diversificazione di strumenti non è sufficiente a proteggere il portafoglio in tutti i contesti di mercato.
Lo dimostra il fatto che l'*all weather portfolio* nel 2022, ha fatto registrare la più ampia discesa degli ultimi 20 anni.

Il rischio è che, nella nuova fase di mercato, scegliendo questa direzione si possano affrontare periodi particolarmente difficili, perché tutte le asset class tendono a salire o scendere in contemporanea.

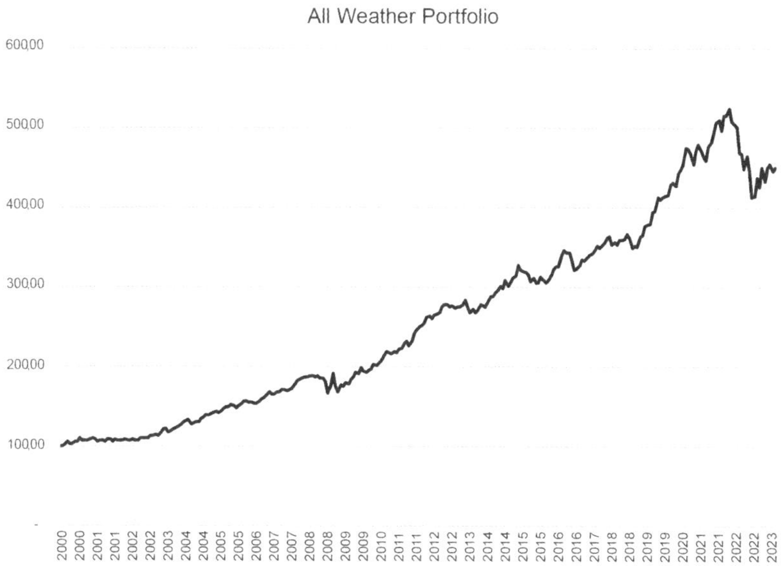

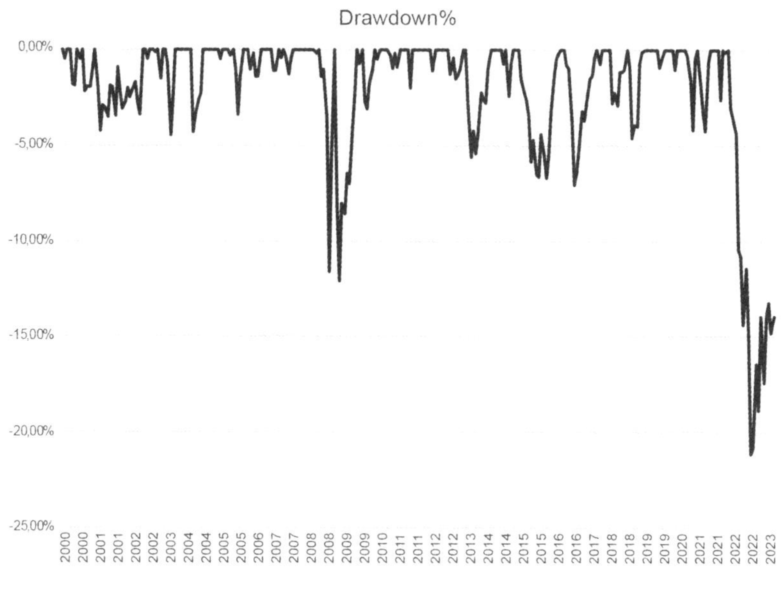

Rielaborazione interna andamento del portafoglio con strategia ALL WEATHER e rispettivo Drawdown.

La soluzione per superare questo rischio è quella di puntare a una diversificazione strategica, dunque scegliere approcci di investimento diversi in modo da unire una componente discrezionale, tipica dell'analista finanziario, a una componente matematico-quantitativa, che affidi a un algoritmo la scelta dell'investimento con l'obiettivo di eliminare la componente psicologica.

Da una parte si agisce con un approccio discrezionale da analista, che punti a ricercare quelle aziende che possano mantenere un vantaggio competitivo duraturo nel tempo grazie a fattori come la dominanza di prodotto, la solidità a livello di bilancio e le prospettive di crescita. Non solo, all'interno dell'approccio discrezionale è possibile selezionare anche quelle aziende che si crede possano portare a una rivoluzione sul lungo periodo. Abbiamo già citato Amazon o Apple.

All'approccio discrezionale si affianca poi un approccio quantitativo, generalmente frutto di una raccolta dati e di una serie di test e calcoli strutturati come gli algoritmi.
Un approccio numerico, non avendo valutazioni qualitative, è utile per avere una maggiore dinamicità sul mercato attraverso una rotazione più frequente degli asset in portafoglio.
L'approccio quantitativo è applicato sia sui singoli titoli azionari che sugli indici attraverso gli ETF (fondi indicizzati quotati in borsa, negoziati quotidianamente come un titolo e con bassissimi costi di gestione che consentono di investire sui principali macro-trend mondiali).

Nella diversificazione strategica non bisogna, infine, dimenticare la liquidità.
In quelle fasi di mercato in cui le obbligazioni non hanno rendimenti soddisfacenti, la componente liquida va assolutamente mantenuta.

In ogni caso, come spiegato in relazione al metodo Barbell, la liquidità si conferma una componente fondamentale, perché permette di incrementare le posizioni in caso di crisi di mercato, fase in cui molti investitori si spaventano e non sfruttano occasioni di assoluta rilevanza.

Intelligenza Patrimoniale significa quindi muoversi tra contenuto e strategia, ragionando sulla diversificazione.

L'errore di molti investitori, anche professionali, è proprio quello di concentrarsi solo sulla tattica, ritenendola una strategia.

TAPPE RAGGIUNTE

▶ PRINCIPIO 1

Scegliere il miglior contenuto significa creare la strategia di investimento più adatta alle esigenze del patrimonio.

▶ PRINCIPIO 2

Ogni asset class presenta dei rischi e dei benefici.

▶ PRINCIPIO 3

Per delineare la migliore strategia di investimento è necessario comprendere quali asset dell'universo investibile presentano meno rischi per le proprie esigenze.

▶ PRINCIPIO 4

Non esiste un contenuto che, in termini assoluti, sia migliore degli altri.

▶ PRINCIPIO 4

Il concetto di diversificazione oggi si è evoluto: non più diversificazione di prodotto, ma diversificazione strategica, basandosi sul ricercare differenti stili gestionali e non tipi di strumenti o prodotti finanziari.

CAPITOLO

09

IL COMPORTAMENTO NON È UNA SCELTA MA UNA NECESSITÀ

La **finanza comportamentale** è un ambito della scienza economica il cui obiettivo è interrogarsi sugli effetti psicologici e sui pregiudizi cognitivi che intervengono in ambito finanziario determinando le scelte di investimento.
Quando si tratta di scelte finanziarie finalizzate all'accrescimento e alla conservazione del patrimonio non è raro che le persone agiscano in modo irrazionale e questo si traduce in investimenti che si allontanano dai veri obiettivi patrimoniali.

Non si può pensare di gestire il proprio patrimonio senza considerare il fattore psicologico e quello della conoscenza, i quali andranno sviluppati attraverso un percorso di educazione finanziaria

A tal proposito, il mio consiglio è di non delegare la gestione del patrimonio a una sola persona in famiglia – il family leader – ma fare in modo che tutti siano informati e consapevoli della gestione degli asset e dei rischi a cui ci si espone.

Per rendere immediatamente comprensibile la rilevanza delle emozioni e dei pregiudizi nel percorso finanziario, vorrei iniziare con un semplice esercizio che propongo spesso ai miei studenti: *nella scintillante vetrina di un negozio di prodotti tecnologici, c'è uno smartphone venduto insieme alla sua custodia, prezzo totale 1.020 euro.*
Lo smartphone costa 1.000 euro più della custodia, dunque qual è il prezzo di quest'ultima?

Alcuni studi scientifici riferiscono che la maggior parte delle persone risponde rapidamente, e con estrema sicurezza, asserendo che il costo della custodia è di 20 euro, mentre quello dello smartphone di 1.000 euro.

La risposta però è sbagliata, come conferma la matematica. Se la custodia costasse 20 euro e lo smartphone costasse 1000 euro in più della custodia, ovvero 1020 euro, il totale dato dalla vendita del pacchetto "smartphone + custodia" sarebbe 1040 euro.
Per ottenere un totale di 1020 euro, la custodia dovrebbe costare 10 euro e lo smartphone 1000 euro in più, ovvero 1010 euro.

Nelle decisioni che incideranno sulla nostra vita o su quelle degli altri non è sufficiente affidarci all'intuito e quando lo facciamo, le distorsioni derivanti in fase di giudizio – tecnicamente chiamate bias cognitivi – non consentono una corretta valutazione dei fatti. La consapevolezza è fondamentale per proteggere le nostre scelte anche in campo patrimoniale.

9.1 I Bias Comportamentali

Nel percorso finanziario i principali bias cognitivi sono:

• **Teoria della prospettiva**
Uno studio del 1995 sui vincitori delle medaglie olimpiche ha evidenziato come la soddisfazione dei vincenti delle medaglie di bronzo fosse maggiore rispetto a quella dei vincitori delle medaglie d'argento. Il motivo è legato alla percezione del guadagno e della perdita rispetto a un punto di riferimento: il vincitore della medaglia d'argento ha come riferimento la medaglia d'oro e vede il mancato raggiungimento di quell'obiettivo come una sconfitta, mentre il riferimento del vincitore della medaglia di bronzo sono le posizioni sotto il podio, quindi, ogni medaglia è pari a una conquista.
Anche in ambito economico elaboriamo le informazioni in modo

illogico e valutiamo le perdite e gli utili in modo differente: ricevere in regalo 50 euro porterebbe una persona a sentirsi felice, ma se il regalo fosse invece di 100 euro e 50 cadessero in un tombino sarebbe immediata la sensazione di rabbia e frustrazione.

- **Ancoraggio**

L'ancoraggio rappresenta la tendenza di un investitore a focalizzarsi su informazioni che potrebbero non essere precise o pertinenti. Ad esempio, davanti a un calo consistente del valore delle azioni di un'azienda, l'investitore ancorato a un valore massimo raggiunto dal titolo vedrebbe questo calo come un'opportunità per acquistare le azioni a un valore scontato.
Potrebbe anche avere ragione, ma non conoscendo le motivazioni di quel calo, l'investitore non può in realtà conoscere l'entità del rischio di eventuali operazioni di acquisto del titolo.

- **Ricerca di conferma**

Un investitore viene a conoscenza di un titolo "bomba" durante una grigliata tra amici. Il giorno dopo cercherà informazioni in rete, concentrando la sua attenzione soltanto sulle notizie che confermano la bontà del titolo – vedendo quindi solo ciò che vuole vedere – e omettendo di analizzare quelle che invece ne sconsigliano l'acquisto.

- **Reazione eccessiva**

Uno studio del 1985 sulla borsa di New York selezionò i 35 titoli considerati più performanti e i 35 peggiori. Entrambi i gruppi vennero monitorati per tre anni e i risultati furono sorprendenti: i titoli considerati peggiori batterono costantemente gli indici di mercato e quelli considerati sovraperformanti invece sottoperformarono. Questo perché gli investitori dei titoli peggiori avevano reagito in modo eccessivo alle cattive notizie sul mercato, facendo abbassare i prezzi dei titoli. La stessa cosa, ma in modo negativo, era successa ai titoli più performanti quando gli investitori avevano compreso di essere stati più ottimisti del dovuto. Il processo decisionale può essere distorto dal pregiudizio e spesso le persone decidono basandosi sulle notizie più recenti, dimenticando quelle del passato.

- **Seguire il gregge**

La pressione sociale a volte spinge gli esseri umani a conformarsi per evitare di sentirsi diversi dagli altri. Un esempio evidente è lo scoppio della bolla del Dot.Com tra il 1997 e il 2000, quando molti investitori scelsero per emulazione di puntare su diverse aziende legate al business nascente di internet, nonostante queste non avessero modelli di business efficaci.
Seguire il gregge è sempre una tentazione molto forte: se la cosa funziona sono tutti felici, se non dovesse funzionare almeno ci si ritrova tutti sulla stessa barca!

- **Contabilità mentale**

Si tratta della tendenza a trattare i soldi in modo diverso a seconda della loro provenienza o del loro utilizzo.
L'esempio classico è quello di chi accantona soldi in un salvadanaio per destinarli a un acquisto speciale, ma allo stesso tempo spende cifre enormi con la carta di credito.
Allo stesso modo le persone tendono a spendere i soldi di bonus e mance in modo diverso rispetto a quelli ottenuti con lo stipendio. Non c'è alcuna logica in questo modo di operare.
Uno degli errori degli investitori è quello di considerare i titoli in guadagno in modo diverso dai titoli in perdita. Spesso si soffocano gli utili vendendo i titoli in guadagno e si lasciano correre le perdite:

è come se si creasse un portafoglio diverso a seconda dell'andamento dei titoli.

- **Fiducia eccessiva**

Uno studio americano del ministero dei trasporti ha intervistato numerosi autisti e ha scoperto che il 93% di loro ritiene la propria capacità di guida superiore alla media. In realtà il 43% di questi ha sbagliato, in quanto ha avuto almeno un incidente nei 5 anni successivi, ma spesso vi è la tendenza a sovrastimare le proprie capacità.
Nel mondo degli investimenti, un investitore assertivo è una persona che si fida delle proprie abilità in maniera realistica, mentre un investitore che ha eccessiva fiducia in sé stesso ha una valutazione iperpositiva delle proprie conoscenze e del controllo sulle operazioni. Secondo gli studi, gli investitori che hanno grande fiducia conducono un numero di scambi maggiore rispetto all'investitore realistico, e nel lungo periodo questo determina un rendimento mediamente inferiore.

- **Errore del giocatore d'azzardo**

Si tratta di un errore che porta a credere che un evento casuale si verifichi con maggiore o minore probabilità in base al fatto che si sia già verificato o meno in passato.
Nella finanza alcuni investitori liquidano la posizione dopo un lungo trend positivo poiché credono che non possa continuare a salire, altri desistono dal vendere perché credono che il valore non possa continuare a scendere.
Il consiglio è quello di non prendere decisioni sulle ipotesi del giocatore d'azzardo, ma attraverso un'adeguata fase di analisi: ogni evento è indipendente e il passato non modifica la probabilità degli eventi futuri.

9.2 Ferrari o Rolls-Royce

Uno studio americano ha posto due domande molto simili a due diversi gruppi di persone. Al primo gruppo di volontari è stato posto un quesito molto simile a quello successivo: *se una Rolls-Royce e una Ferrari insieme costano 190.000 dollari, ma la Rolls-Royce costa 100.000 dollari in più della Ferrari, quanto costa la Ferrari?*

La domanda fatta al secondo gruppo di persone era leggermente diversa: se una Ferrari e una Ford insieme costano 190.000 dollari, ma la Ferrari costa 100.000 dollari in più della Ford, quanto costa la Ford?

I risultati dello studio sono stati chiari: un numero più ampio di persone ha risposto correttamente alla seconda versione del quesito, piuttosto che alla prima.
I ricercatori hanno inoltre sottolineato come davanti a questi due quesiti le persone abbiano cercato di semplificare il problema, rimuovendo inconsciamente la parte della domanda in cui si dice "costa di più di".
In questo modo sono passati direttamente a leggere il problema da un altro punto di vista, pensando ai reali valori delle tre categorie di auto menzionate e ragionando sul fatto che la Rolls-Royce costi più della Ferrari e la stessa Ferrari costi più della Ford.

Nel primo gruppo la risposta intuitiva generale è stata errata, ovvero che il valore dell'auto meno costosa (quindi la Ferrari) fosse di 90.000 dollari. Nel secondo quesito il conflitto tra intuitività e conoscenza ha spinto gli intervistati ad affinare la loro riflessione, e la maggior parte delle persone ha risposto correttamente (45.000 dollari).

Questo grazie alla coscienza diffusa sul reale valore di un'automobile Ford.
Nel secondo caso il conflitto tra intuitività e conoscenza ha spinto gli intervistati ad affinare la loro riflessione. Nel primo gruppo, invece, l'intuitività ha avuto strada libera, visto che un valore di 90.000 dollari per una Ferrari è del tutto ragionevole.

Quando le risposte intuitive vanno in conflitto con le intuizioni basate sulla conoscenza o sull'esperienza personale, le persone si impegnano maggiormente in ragionamenti che aumentano la possibilità di risolvere correttamente i problemi.

TAPPE RAGGIUNTE

▶ PRINCIPIO 1

I bias cognitivi sono distorsioni cognitive che possono alterare il giudizio o la valutazione di una scelta finanziaria.

▶ PRINCIPIO 2

Conoscere i bias cognitivi è uno step importante verso l'Intelligenza Patrimoniale, perché ti consente di evitare scelte finanziarie imposte dall'emotività.

▶ PRINCIPIO 3

Se vuoi approfondire il tema, guarda i video che ho preparato al seguente link: www.intelligenza-patrimoniale.it/area-riservata o inquadra il QR Code.

CAPITOLO

10

IL PRIMO PASSO

Qualsiasi sia il risultato da raggiungere, c'è un primo passo fondamentale da compiere: un'analisi preliminare e approfondita del proprio patrimonio.

Nella gestione finanziaria l'analisi iniziale è un momento cruciale perché consente di prendere consapevolezza della situazione di partenza e di formulare idee più chiare sugli obiettivi da raggiungere.

In questo modo si può conoscere il tragitto da affrontare, e identificare la presenza di eventuali tratti più difficili da superare e le opportunità migliori per accelerare il passo.

All'interno dell'analisi patrimoniale esistono due momenti ben distinti: l'*analisi mobiliare* e la *creazione di un bilancio patrimoniale*.

10.1 L'analisi mobiliare iniziale

L'**analisi mobiliare** viene effettuata investigando nel dettaglio quattro aspetti:

- **il livello di controllo del patrimonio:** stimabile a partire da tre parametri, il primo è l'efficienza operativa, ossia la rapidità e semplicità di intervento sull'asset allocation, il secondo è l'efficienza fiscale, il terzo è il grado di trasparenza circa l'allocazione dei propri investimenti;
- **i rischi:** le possibilità e gli imprevisti che possono riversarsi negativamente sulla ricchezza;
- **l'asset allocation:** l'aggregazione delle scelte di investimento effettuate dai gestori;

- **i costi:** gli oneri annualmente sostenuti per la gestione patrimoniale, distinguendo tra i costi di struttura e quelli di contenuto, valutandone la contropartita in termini di valore aggiunto.

Nell'analisi del **livello di controllo** la prima cosa da individuare è la titolarità del patrimonio mobiliare: chi è l'intestatario? È unico? Oppure c'è una cointestazione con due o più partecipanti?
In secondo luogo, va appurato quali soggetti possiedono una visione complessiva del patrimonio: una banca? Un Family Office? Più consulenti indipendenti?
Il passo successivo è quello di identificare le potenziali sovrastrutture presenti (trust, fiduciarie, holding, ecc.) e la presenza di intermediari. Per ogni intermediario vanno poi distinte le strutture di investimento. Strutture amministrate? Strutture gestite? Liquidità mantenuta sui conti correnti?
Maggiori sono i livelli strutturali che sostengono il patrimonio, più difficile è il controllo.

Passando ai **rischi**, quelli dell'analisi mobiliare possono essere:

- **rischio di credito:** la possibilità che i debitori non adempiano ai loro obblighi di pagamento;
- **rischio di mercato:** il rischio intrinseco nell'investimento, dettato dalla naturale volatilità degli asset;
- **rischio di aggressione da terzi:** il rischio di una rivalsa di terzi sul proprio patrimonio;
- **rischio fiscale:** il rischio di non sfruttare adeguatamente le possibilità offerte dalla normativa tributaria per efficientare l'impatto fiscale; generalmente in contesti di passaggi generazionali o di generazione di plusvalenze.

Nella valutazione delle **asset allocation**, si prosegue aggregando i dati delle varie reportistiche degli intermediari e degli strumenti di investimento, con l'obiettivo di determinare l'esposizione complessiva e verificare che sia compatibile con le attuali esigenze familiari.

Infine, vanno identificati i **costi** della struttura di investimento: è fondamentale conoscere quanto grava economicamente la gestione sul patrimonio stesso.
Sono tre le principali tipologie di costi da valutare:

- **costi di transazione:** i normali costi sostenuti per l'acquisto e la vendita di prodotti e strumenti finanziari;
- **costi di gestione (di primo, secondo e terzo livello):** la somma pagata annualmente ai gestori e agli intermediari per i prodotti e i servizi acquistati (generalmente reperibile tramite l'informativa costi e oneri). Inoltre, a seconda della tipologia di strumento finanziario e della sua struttura, si è generalmente in presenza di più livelli di costi;
- **costi di performance:** i costi strettamente legati ai profitti dell'investimento.

10.2 Il Bilancio patrimoniale

Nella creazione di un **bilancio patrimoniale complessivo** è necessario identificare con precisione i due pilastri: il *conto economico* e lo *stato patrimoniale*. Si tratta di due diverse rappresentazioni dello stesso patrimonio: attraverso il conto economico se ne può dedurre una visione sull'andamento annuale, mentre nello stato patrimoniale se ne ha una dello stato attuale di attivi e passivi.

Il conto economico è costituito da due grandi categorie: *ricavi* e *costi*.

- I ricavi sono rappresentati dalle principali classi di entrata: il reddito da lavoro, le eventuali pensioni, gli utili da plusvalenze aziendali, finanziarie o immobiliari, le cedole, i dividendi, gli affitti e qualsiasi altra entrata nel bilancio familiare.
- Nei costi invece rientrano diverse categorie di uscite di denaro: i costi per lo stile di vita, per la gestione dei figli, per i trasporti, per le assicurazioni, per le imposte e i tributi, per le rate di eventuali prestiti o mutui, per la gestione immobiliare, per il vestiario, per l'intrattenimento e altro ancora.

Una volta stilate le due categorie, si può determinare il tasso di risparmio (se le entrate sono superiori alle uscite) o il tasso di decumulo (se le uscite sono superiori alle entrate).

Anche per lo stato patrimoniale, è molto importante identificare le due macroaree che determinino il cosiddetto patrimonio netto: le attività e le passività.

Nelle attività rientrano le seguenti categorie:

- la liquidità;
- gli investimenti finanziari;
- le proprietà immobiliari (da valutare quali siano a uso personale, quali a rendita e quali con fine di compravendita);
- l'area crediti (crediti verso terzi, finanziamenti soci, obbligazioni non quotate);
- l'area fiscale (crediti di imposta, minusvalenze);

- l'area aziendale (eventuali partecipazioni in aziende);
- gli asset reali (automobili, opere d'arte, oro fisico, yacht, brevetti intellettuali, collezioni, eccetera...).

Nelle passività, invece, vanno considerati i debiti verso le banche, i debiti verso l'Agenzia delle Entrate, l'INPS e altri enti tributari, i debiti verso terzi, le fideiussioni sottoscritte e l'ammortamento dei beni. Per ammortamento si intende una quota di denaro che dovrebbe essere accantonata per sopperire a eventuali manutenzioni o sostituzione dei beni materiali.

Sono questi, dunque, i passi principali da affrontare per formulare l'analisi patrimoniale opportuna sulla quale basare una strategia efficace, proseguendo con l'individuazione di esigenze concrete, che vadano oltre la "banale" protezione e crescita del patrimonio, potendo essere declinate in obiettivi tangibili e con orizzonti temporali ben definiti.

La scelta di adottare questo approccio consente di identificare tutti i rischi e tutte le opportunità presenti nella gestione del proprio patrimonio, aumentando la propria capacità di controllo e direzione.
E i benefici, oltre a quelli finanziari, si riscontrano anche in una maggiore serenità quotidiana e nella consapevolezza che nessuna salita o ostacolo potrà mai presentare difficoltà davvero insormontabili.

10.3 L'importanza dell'approccio al patrimonio

Una volta definita con chiarezza la situazione attuale del proprio patrimonio, non resta che iniziare a delineare una strategia e agire per raggiungere gli obiettivi prefissati.

È proprio durante questa fase strategica che, diversi anni fa, compresi quanto fosse più importante stabilire il "come fare" rispetto al "cosa fare", perché stabilire sin dall'inizio quale approccio adottare, per esperienza diretta, ha poi una consistente differenza sui risultati ottenibili.

Quando iniziai a lavorare come trader, pensavo che lo studio dei flussi sui mercati fosse sufficiente per capire quale strada intraprendere per gestire il mio patrimonio personale. Poi arrivò il crollo del 2008.

Decisi così di approfondire gli aspetti macroeconomici e di bilancio per poterli integrare all'analisi dei flussi.
Questo miglioramento al mio approccio metodologico fu fondamentale per la mia personale crescita come investitore, ma non sufficiente perché, quando aprii il mio studio di consulenza, mi resi conto che ogni cliente aveva la sua storia, le sue dinamiche famigliari, i suoi valori, le sue paure e una distribuzione tra gli asset differente. L'insieme di questi fattori influenzava il rapporto con il patrimonio e l'ansia che ne derivava.

In quel periodo mi resi conto di aver sempre mantenuto l'approccio che ha il tipico manager d'azienda, che si focalizza in primis

sulle prestazioni della sua funzione e del suo team, piuttosto che su quelle complessive dell'azienda di cui è dipendente.
Il mio focus veniva infatti posto sulla prestazione della componente finanziaria, senza allargarsi di visione.

Più episodi in quel periodo mi fecero però comprendere che il cliente desiderava di più: un approccio da Amministratore Delegato del suo patrimonio, un ruolo di supervisione più ampio che includesse la conoscenza del suo contesto personale e quello della sua famiglia, perché questo avrebbe portato davvero quel valore aggiunto mai esplicitamente espresso, ma sempre inconsciamente ricercato.

Di fatto gestire il patrimonio famigliare non è diverso da gestire un'azienda.

Ogni reparto aziendale è legato e influenza gli altri, proprio come succede tra le componenti della propria ricchezza.
I vari reparti sono monitorati e muovono le loro azioni verso obiettivi chiari e definiti in un business plan o nel caso del proprio patrimonio in un family plan.
Infine, tutto è diretto dalla governance che ne imprime i valori da seguire, esattamente come una famiglia dovrebbe definire i ruoli dei membri e delineare una visione unita del futuro.

10.4 L'approccio delle grandi famiglie imprenditoriali

Approfondendo le tematiche relative a questo tipo di approccio, appurai che gran parte delle più importanti famiglie imprenditoriali italiane e internazionali avessero optato da tempo per questo tipo di impostazione per gestire le proprie ricchezze. Questo è il modello tipico dei Family Office.
Il primo Family Office della storia risale al 1882 quando John D. Rockefeller decise di creare una società di professionisti con il compito di gestire e amministrare le operazioni imprenditoriali e le crescenti necessità di investimento della sua famiglia.
Da allora, questa società ha gestito il suo patrimonio come portafoglio di investimenti integrato invece di considerare singolarmente le aree di business.
A oggi, si stima che negli Stati Uniti esistano oltre 4.000 Family Office che gestiscono circa 1.000 miliardi di dollari[6].L'Europa, con una quota di mercato del 20% (contro il 75% degli Stati Uniti), accusa un certo ritardo, principalmente legato a ragioni culturali.
L'approccio olistico e indipendente nella gestione non comprende solo degli asset, ma abbraccia l'intera area della governance, garantendo ai nuclei familiari il pieno controllo.

In Italia è un modello abbracciato principalmente dalle grandi famiglie imprenditoriali, pensiamo ad esempio: alla famiglia Berlusconi e al loro Family Office H14, alla famiglia Del Vecchio con Delfin che è oggi amministrata dal suo storico braccio destro, alla famiglia Ferrero con Fedesa, il loro Family Office con sede nel Principato di Monaco.

[6] *Fonte: Family Office Survey 2022 - PWC*

Nel nostro Paese si contano circa 200 tra: single Family Office, strutture organizzate per la gestione di una singola famiglia, Multi Family Office, invece, organizzati per la gestione di un gruppo definito di famiglie, o ancora studi consulenziali composti da pool di professionisti che offrono i loro servizi a diverse famiglie patrimonializzate. È proprio su quest'ultimo modello che ho poi orientato la mia professione, costituendo nel 2022 una S.I.M. (Società di Intermediazione Mobiliare) che potesse offrire i molti vantaggi del Multi Family Office indipendente, insieme alla competenza professionale dei più affidabili studi consulenziali, con l'obiettivo di offrire alle famiglie clienti quella visione ampia e multigenerazionale di gestione patrimoniale necessaria per mantenere il giusto controllo e la dovuta serenità a tutti i membri della famiglia.

Distribuzione del Family office e Multi Family Office sul territorio italiano.

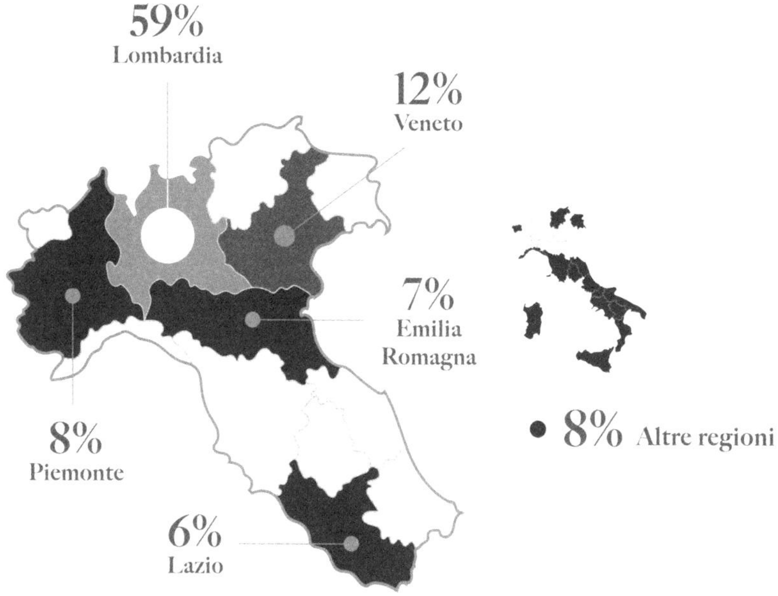

Fonte: OSSERVATORIO FAMILY OFFICE – Politecnico di Milano

Possiamo quindi definire tre aree fondamentali su cui porre attenzione nella gestione della propria ricchezza, modulandole in funzione delle dimensioni e della complessità del proprio patrimonio.

- **Valori e governance:** il patrimonio familiare, prima di tutto rappresentato da persone, per questo la definizione dei ruoli, delle regole e di una visione condivisa (che in contesti più articolati portano anche alla creazione di veri e propri consigli di famiglia), diventa fondamentale per la sua longevità. L'obiettivo è quello di proteggere e preservare il patrimonio familiare per le generazioni future stabilendo pratiche e comportamenti che ne possano determinare la direzione, favorendone la crescita e la garanzia di trasferimento della ricchezza nel tempo.
- **Controllo e pianificazione:** la creazione di un bilancio patrimoniale consolidato permette una visione chiara e olistica della propria ricchezza e deve essere abbinato a un "family plan" dettagliato che ne definisca gli obiettivi da raggiungere e in quali tempi. Inoltre, deve essere posta adeguata attenzione ai rischi a cui è esposto il patrimonio.
- **Gestione degli asset:** dal finanziario al private equity, dall'immobiliare alla gestione dell'azienda di famiglia, passando per l'arte e le fondazioni benefiche, ogni asset class deve avere obiettivi chiari che tengano conto delle relazioni con le altre componenti del patrimonio e deve essere gestita, direttamente o delegandola a terzi, con il massimo livello di controllo e trasparenza.

Esempio di aree operative di un Family Office

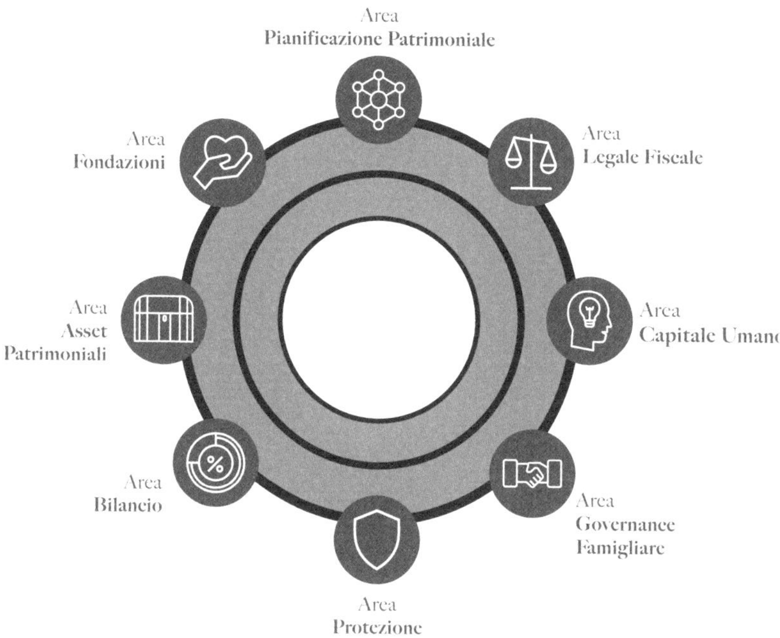

La corretta impostazione di queste tre aree pone le basi per accrescere il controllo del proprio patrimonio con il vantaggio di sviluppare la serenità necessaria ad affrontare eventuali "tornanti difficili" sul percorso della sua gestione.

Resta infine un'ultima importante sfida da superare: l'inerzia del non agire.

Come descritto nel capitolo 1.2, spesso la paura o l'incertezza possono paralizzare e quindi portano a procrastinare quelle scelte che potrebbero rivelarsi fondamentali in futuro.

Non sarà sfuggito che molti degli spunti che ho descritto in queste pagine rientrino più nella sfera del prevenire che dell'affrontare un problema, e questo rende l'agire ancora più difficile perché non supportato da un bisogno urgente o da una necessità evidente.

Ma come accade quando si sceglie di assicurarsi verso un potenziale danno, all'eventualità del suo manifestarsi, a posteriori la scelta presa - magari molto tempo prima - si rivela positiva e cruciale, consentendo di affrontare quella situazione con una differente serenità e di superarla senza grandi difficoltà.

Spero che la lettura di questo libro possa aver suscitato la giusta dose di curiosità, che sia di stimolo ad agire e che abbia veicolato un importante spunto di riflessione: la responsabilità che abbiamo nel doverci prendere cura dei nostri patrimoni non è una mera questione egocentrica e personale, ma coinvolge in maniera diretta le persone che abbiamo vicino e il contesto in cui viviamo, è quell'insieme di scelte che permette ai nostri figli e ai nostri nipoti e al nostro territorio di poter continuare a prosperare.

TAPPE RAGGIUNTE

▶ PRINCIPIO 1

L'analisi del patrimonio mobiliare è il primo passo per poter valutare la situazione nelle sue varie componenti di rischio.

▶ PRINCIPIO 2

Il secondo passo è la creazione di un bilancio patrimoniale complessivo.

▶ PRINCIPIO 3

Il patrimonio deve essere approcciato e gestito come si farebbe con un'azienda, è nostro compito o quello dei consulenti che ci affiancano avere questo tipo di visione, che è la scelta intrapresa da grandi famiglie attraverso Family Office personali o Multi Family Office Indipendenti al loro fianco.

▶ PRINCIPIO 4

Accedi all'area riservata per approfondimenti e spunti sull'analisi e la creazione di un bilancio patrimoniale, segui il link www.intelligenza-patrimoniale.it/area-riservata o inquadra il QR code.

CONCLUSIONI

L'Italia è una nazione ricca

Gli italiani possono contare su un patrimonio complessivo superiore a 10.000 miliardi di euro, pari a 4 volte il debito pubblico italiano e ben 5 volte il nostro PIL. I dati disponibili *(studio della Banca d'Italia e dell'Istat del 2023: "La ricchezza dei settori istituzionali in Italia")* mostrano che le famiglie italiane dispongono della ricchezza netta più alta in Europa con un rapporto di 8,7 volte il reddito disponibile.

Questo "tesoro" è il frutto della nostra cultura contadina, in particolare di quelle generazioni che nell'immediato dopoguerra hanno saputo ricostruire e rilanciare l'Italia, avendo una naturale propensione al risparmio e mantenendo comportamenti più parsimoniosi di quelli attuali, con una forte vocazione verso l'immobiliare, sempre preferito ad altre tipologie di investimento.

L'inerzia di questo slancio sta però venendo meno dalla metà degli anni '90, a causa di equilibri di mercato profondamente cambiati, ma soprattutto a causa di inefficaci politiche economiche attuate (o mai attuate) dai numerosi governi che si sono susseguiti in questi ultimi 30 anni.
Certo, siamo ancora un Paese ricco, ma in lenta decadenza e con una popolazione che si sta impoverendo – l'Italia è l'unico Paese che dagli anni '90 ha visto diminuire gli stipendi medi rispetto agli altri stati membri dell'Unione Europea.
Questo ci deve far riflettere sul ruolo che avranno nel prossimo futuro i patrimoni delle famiglie italiane, perché in questo contesto, per mantenere lo stile di vita odierno, i nostri patrimoni dovranno essere oggetto della nostra attenzione e della nostra cura.

Purtroppo, i numeri ci dicono che le modalità con cui le famiglie gestiscono i propri patrimoni sono desuete e poco efficaci.
Ad esempio: i dati ufficiali hanno registrato una crescita dei patrimoni italiani inferiore al 2,5% annuo rispetto a quelli degli americani.
Questa differenza percentuale potrebbe sembrare piccola, ma se la sviluppiamo in termini di interesse composto, diciamo per 10 anni, diventa un numero ben più consistente: il 28% in meno di rendimento!

La causa principale di questo fenomeno è legata al basso livello di educazione finanziaria degli italiani – nel 2020 (dati OCSE) il nostro Paese si posizionava al 25° posto su 26 Paesi europei.

In qualità di docente all'Università di Torino, questo dato impietoso, confermato anche da altri osservatori nazionali e internazionali, mi ha sempre preoccupato molto.
Ecco perché ho deciso di dedicare parte della mia vita professionale all'educazione finanziaria: non solo durante le lezioni all'università, ma anche includendo queste tematiche nella relazione quotidiana con i miei clienti, costruendo con loro rapporti basati sulla chiarezza, la spiegazione e la comprensione di tutte le informazioni indispensabili per una gestione moderna e trasparente dei loro patrimoni.

Dalle intenzioni allo scopo

L'intento di questo libro muove dallo stesso proposito con un semplice scopo: fare riflettere il lettore sull'importanza di curarsi del proprio patrimonio stimolandolo ad una presa di coscienza che includa comportamenti opportuni (risparmio e diligenza di spesa), nuove competenze (approccio strategico e strumenti di pianificazione), ma soprattutto la riscoperta di valori familiari mai obsoleti (condivisione e prospettive generazionali), con l'obiettivo ultimo di raggiungere un maggior controllo sulla propria ricchezza e la meritata serenità patrimoniale.
E proprio per dimostrare come le storie familiari del nostro Paese hanno sempre tratti comuni, ho voluto raccontare di mia nonna e della sua **paura irrazionale del perdere i propri risparmi** frutto di sforzi e sacrifici.

Ho ricordato le infinite discussioni di mio padre con mia nonna e del loro **conflitto su come gestire i risparmi di famiglia**, delle prese di posizione e di prospettiva su ciò che l'uno e l'altra ritenevano giusto o sbagliato.
Ho sottolineato **l'importanza di non farsi attrarre dai rendimenti facili** come fece mia nonna investendo in Bond argentini.
Ho raccontato di come sia nato in me l'interesse sui temi finanziari. Della mia curiosità di giovane adolescente e del perché sia importante poter consultare fonti e strumenti che spieghino il mondo dell'economia.
Ho narrato le vicende della signora Agnese, spiegando **l'incidenza determinante dei cigni neri sulle scelte di investimento** e tracciando le linee principali per gestire un patrimonio familiare.

Ho spiegato **la necessità di partire dall'analisi della situazione patrimoniale attuale** - prima in ambito mobiliare, e in seguito valutando il patrimonio complessivo.
Ho evidenziato come sia fondamentale capire dove siamo e dove andare, e **perché è sempre utile impostare un bilancio familiare**.
Ho dimostrato come **conoscere bene le regole del contesto economico e finanziario aiuti a prendere migliori decisioni** e che avere una maggiore consapevolezza significa garantirsi meno rischi, meno errori di gestione e nessuna brutta sorpresa.
Sono sicuro che questi aspetti raccontati non siano esperienze vissute solo da me. Nei racconti dei miei clienti riconosco esperienze simili, reazioni ad avversità comuni, problemi, scelte e soluzioni che partono da sistemi di vita e di pensare che hanno origini parallele. E da questa comunanza, si genera fiducia, quell'elemento indispensabile per costruire insieme un percorso.

Sulla cima di Superga

Assieme ai miei soci e ai collaboratori della Cuniberti & Partners SIM, abbiamo deciso di definire "Intelligenza Patrimoniale" il metodo che adottiamo con i nostri clienti e che si basa sui princìpi e sugli strumenti in parte descritti in questo libro.
Dell'aspetto "Patrimoniale" ho già parlato a sufficienza, ma è proprio sul significato di "Intelligenza" che vorrei concludere questo libro, con un pensiero nato qualche giorno fa, in un posto per me speciale.
È domenica e con la mia bici sono salito di nuovo in cima alla collina di Superga, mi sono fermato vicino alla Basilica per riprendere fiato e godermi il paesaggio in questa giornata insolitamente tersa.
Sui sentieri si trovano già i primi ricci di castagne selvatiche e qual-

che ghianda, ne vedo una più tonda che mi ricorda il viso allegro di un frate coi capelli a scodella, mi è simpatica, così la raccolgo. Mentre la osservo mi torna in mente un libro di James Hillman letto anni fa e la sua *Teoria della Ghianda*, che per l'occasione si declina a modo mio in un pensiero.

Come una piccola ghianda che trova terreno fertile e diventa un'imponente quercia, anche l'intelligenza umana racchiude in sé tutto il potenziale necessario per esprimere la sua grandezza, ma proprio come la ghianda deve trovare il suo terreno fertile per riuscirci.

Quel terreno fertile è la famiglia, la scuola, il contesto sociale nel quale ognuno di noi nasce e cresce, ma sono anche le scelte che volontariamente o meno compiamo: la volontà di imparare, studiare, approfondire per capire meglio il mondo. Dall'economia domestica alla finanza, dal leggere un quotidiano al saper riconoscere una fake news.

Cercare il terreno fertile significa fare fatica, impegnarsi, magari cadere e risollevarsi, qualcosa che una ghianda non può fare in autonomia, ma un essere umano sì. Possiamo scegliere da chi farci accompagnare, ma nelle nostre scelte faremo i conti sempre con noi stessi.

La fatica nel percorso è parte stessa della meta che si vuole raggiungere: più è alta la vetta, più la fatica intrinseca aumenta. Ma quello che Hilmann ci dice è che ci si può riuscire, non serve altro che la nostra ghianda. Tuttò ciò che serve è già dentro quel piccolo seme di... Intelligenza.

Da casa mia alla Basilica ci vogliono circa due ore per venir su in cima a Superga. Ho le gambe un po'affaticate per la salita sui tornanti nel bosco, ma l'aria è fresca e serena e ho rifiatato abbastanza.

Chiamo mia moglie e a sorpresa mi risponde mia figlia:

"Ciao Papino!"

"Ciao Matilde, Papà sta tornando. Fra un'oretta sono da voi"

Ormai, da qui a casa è quasi tutta discesa.

POSTFAZIONE

DEL PROF. BEPPE GHISOLFI

Alcuni anni fa, in una recensione a un mio libro, Giovanni Cuniberti mi definì il Piero Angela dell'educazione finanziaria.
Un paragone molto generoso considerata la popolarità del noto divulgatore piemontese, recentemente scomparso.

L'accostamento mi fece piacere e mi procurò grande soddisfazione rafforzando la stima e l'amicizia che mi legano a Giovanni.
In Italia l'educazione finanziaria non ha mai avuto il ruolo che merita e ci siamo spesso dimenticati che "se non ci occupiamo di economia, lei si occuperà di noi ".

Diffondere i temi di questa materia contribuisce allo sviluppo economico del Paese ed è per questo che mi auguro che la stessa venga insegnata nelle scuole di ogni ordine e grado.
Ringrazio il professor Cuniberti per questo prezioso libro e gli ricambio l'augurio che possa diventare lui l'Alberto Angela dell'educazione finanziaria.

Prof. Beppe Ghisolfi
Presidente Cuniberti & Partners SIM Spa
Vicepresidente e Tesoriere di ESBG,
il Gruppo Europeo delle Casse di Risparmio

Giornalista economico e banchiere è Consigliere di amministrazione dell'Istituto mondiale delle casse di risparmio (WSBI). Presidente della Cuniberti & Partners SIM Spa, consigliere del CNEL, sindaco effettivo di Bancomat S.p.A. e del Fondo Interbancario di tutela dei depositi. Direttore responsabile di "Banca Finanza", è opinionista di varie testate giornalistiche. È stato presidente della Cassa di risparmio di Fossano, Vicepresidente dell'Associazione Bancaria Italiana (ABI), Vicepresidente dell'Associazione di Fondazioni e Casse di Risparmio (ACRI), Vicepresidente e Tesoriere del Gruppo Europeo delle Casse di Risparmio (ESBG). Opinionista tv per Rai, Mediaset e LA7. Ha pubblicato per Aragno: Manuale di educazione finanziaria, Lessico finanziario, Banchieri, Visti da vicino, Le Fondazioni bancarie, Abbecedario, Il Bignamino.

RINGRAZIAMENTI

Quando ho iniziato a pensare a questo libro, ho cercato di trovare una strada semplice e non tecnica per poter raccontare il mio percorso, senza trascurare il fondamentale messaggio che, dedicare un po' di tempo al proprio patrimonio e diventare più finanziariamente consapevoli, rende la vita migliore.
Cosa vuol dire "migliore"? ognuno ha i propri parametri per definire una situazione migliore rispetto alla precedente. Ritengo prima di tutto che "capire" ci permetta di essere maggiormente sereni; quindi, dedicare del tempo alla cultura finanziaria aiuta noi stessi ad affrontare ogni asperità in modo diverso.
In secondo luogo, condividere con la propria famiglia, con i propri eredi alcuni concetti fondamentali è una missione che ognuno di noi deve compiere per il bene non solo del patrimonio personale ma dell'intera comunità finanziaria.
Questo libro nasce da errori personali e da situazioni di vita vissuta che vorrei che le mie figlie sapessero affrontare e imparassero da me a evitare.
Sottrarre qualche ora ai social per un libro di finanza o per analizzare la propria situazione personale è tutto ciò che vorrei che scatenasse in voi questo libro.

Per arrivare qui, il mio percorso ha vissuto momenti difficili dai quali sono riuscito a uscire grazie alla mia caparbietà nel realizzare i miei sogni e al desiderio di vivere il mio lavoro come una missione, sia nell'aver incontrato persone, tecnicamente molto più brave di me, con cui è nato un confronto costruttivo e innovativo.

Il mio grazie è ampio ed esce dal cuore, ai miei colleghi di oggi: Diego, Manlio, Stefano, Dario, Davide, Clelia, Stefano, Domenica, Igor, Mounir, Davide, Andrea.

RINGRAZIAMENTI

Un grazie a tutti i soci della Cuniberti & Partners SIM Spa, al nostro Presidente Beppe e al meraviglioso Consiglio d'Amministrazione: Gianluigi, Antonio Maria, Stefano Br., Luigi, Manuela.

Un grazie a Stefano B. che ci sostiene da dietro le quinte e ci insegna a costruire una casa solida.

Un grazie a tutto il dipartimento d'Intermediari Finanziari e ai Professori che mi hanno insegnato più di quanto loro possano immaginare: al mio mentore Sergio, a Marina, Paola, Eleonora, Patrizia, Cristina, Alessio, Noemi e Massimo.

Un grazie a Michele che mi ha guidato nel percorso dei "Patrimoni di famiglia" e nel pensare alla via migliore per trasmettere la mia passione.

Un grazie a Roberto per la sua intelligenza emotiva.

Un grazie a Silvano e a tutti i miei ex colleghi di Gamma con i quali sono cresciuto come professionista ma soprattutto come persona.

Un grazie ad alcuni amici che lavorano in finanza a cui devo un costante e continuo scambio di crescita lavorativa: Alessandro, Davide, Riccardo, Omar, Roberto, Andrea.

Un grazie agli amici di Starting Finance e Ventive con i quali condividiamo il sogno di cambiare il mondo della consapevolezza ed educazione finanziaria: Marco, Edoardo D., Roberto, Carolina, Edoardo C., Giulia, Riccardo, Costanza, Ruggero, Edoardo S.

Un grazie al mio primo cliente Maurizio che mi accompagna da più di 15 anni con le sue critiche costruttive e il suo affetto.

Un grazie a chi ha sostenuto questo progetto: Virginia, Floriana, Denise, Francesca, Gabriele, Claudia, Chiara.

Un grazie a Mariangela, per la sua missione da giornalista e divulgatrice di consapevolezza finanziaria.

Un grazie a Don Guido, per avermi indicato la via.

Un grazie ai miei amici di sempre con cui condivido gioie e dolori familiari: Riccardo, Paolo, Davide, Anna, Stefania, Roberta e ai loro splendidi bimbi.

Un profondo ricordo del prof. Corradetti che puntava sui giovani e che vedeva in me la missione di accrescere la cultura finanziaria delle nuove generazioni.

Un grazie ai miei suoceri per il costante e continuo sostegno.

Un grazie a mio papà che mi faceva vedere le quotazioni di borsa davanti a televideo e che mi ha sempre sostenuto nell'intraprendere la strada lavorativa che mi ha portato oggi a fondare una SIM. Senza il suo aiuto, tutto questo non sarebbe stato possibile.

Un grazie a mia mamma, che mi ha sostenuto giorno e notte con il suo dolce ottimismo e la sua fede trainante.

RINGRAZIAMENTI

Un grazie a mio fratello, che mi segue come fratello, come medico, come zio e soprattutto che mi ha aiutato in diverse fasi della mia vita lavorativa con ogni tipo di supporto tecnico.

E poi rimangono loro, le mie due meraviglie, le mie due bimbe Matilde e Cecilia, che ogni giorno crescono donandomi un'energia positiva difficile da descrivere.

Ah, dimenticavo (scherzo) la mia metà Alessia, che mi ha sopportato e sostenuto nei momenti difficili e in quelli belli, che mi ha spronato a realizzare i miei sogni nonostante preferisse un lavoro più "normale", che al mattino mi ricorda di prendere il cellulare e che si arrabbia quando la mia testa vaga sui temi lavorativi invece di pensare alla famiglia... insomma mia moglie. Grazie Amore Mio.

BIBLIOGRAFIA

- Dalio, R., *I principi del successo,* HOEPLI, 2018
- Dalio, R., *I principi per capire le grandi crisi del debito,* HOEPLI, 2020
- Nassim N. T., *Il Cigno Nero,* Il Saggiatore, 2008
- Nassim N. T., *Antifragile,* Il Saggiatore, 2013
- Nassim N. T., *Giocati dal caso,* Il Saggiatore, 2014
- Nassim N. T., *Rischiare grosso,* Il Saggiatore, 2018
- De Casa C. A., *I segreti per investire con l'oro,* HOEPLI, 2018
- Mazziero M., *Guida all'analisi tecnica,* HOEPLI, 2014
- Mazziero M., *La crisi economica e il macigno del debito,* HOEPLI, 2018
- Bellelli G., Lawford A., Mazziero M., *Manuale dell'investitore consapevole,* HOEPLI, 2016
- Cappio F., Ruozzi R., *Family Office,* Gruppo 24 ORE, 2020
- Bertoldi B., Ferrando M., *Figli di papà,* Franco Angeli, 2019
- Hagstrom R. G., *Il metodo Warren Buffett,* HOEPLI, 2014.
- Hagstrom R. G., Buffett W., *Dentro la mente del migliore investitore al mondo,* HOEPLI, 2021
- Buffett M., Clark D., *Warren Buffett and the interpretation of financial statements,* Simon & Schuster, 2008
- Antonacci G., *Dual Momentum Investing,* McGraw-Hill Education, 2014
- O'Shaughnessy J., *What works on Wall Street,* McGraw-Hill, 1998
- Kaufman P. J., *Trading Systems and Methods + Website. Vol. 591,* John Wiley & Sons, 2013